CINQUIÈME PARTIE

LA REVANCHE

I

LE CONSEIL DE GUERRE

Le commandant Michel, en compagnie de Lania et de Charlotte, était au salon, semblant attendre impatiemment quelqu'un ou une nouvelle quelconque. Tous trois étaient anxieux.

On frappe discrètement à la porte secrète, Michel va ouvrir.

— Pardieu! s'écria-t-il en apercevant Otto Walkfield et lui tendant la main, soyez le bienvenu, mon ami, c'est véritablement le ciel qui vous envoie.

Le jeune homme s'inclina respectueusement devant les dames, serra la main qui lui était tendue et répondit avec un charmant sourire :

— Je ne suis pas seul.

— Tant mieux; qui nous amenez-vous, est-ce notre brave Ludwig?

— Regardez!

Alors il fit quelques pas dans le salon, démasqua la porte et M. Hartmann apparut sur le seuil, le sourire aux lèvres, l'œil brillant, les traits animés et exprimant la joie la plus vive.

— Mon père! mon père bien-aimé! s'écria Lania en s'élançant dans les bras du vieillard, qu'elle embrassa en fondant en larmes.

La joie comme la douleur a ses larmes, mais elles sont douces et dilatent délicieusement le cœur.

— Enfin! s'écria Michel avec bonheur, nous voici donc réunis pour ne plus nous séparer cette fois, mon père, mon cher père.

Lania, Charlotte et Michel se pressèrent autour du vieillard, qu'ils accablèrent de caresses.

Celui-ci, en proie à une vive émotion, fut contraint de s'asseoir, les pleurs coulaient lentement de ses joues amaigries, la voix lui manquait, il ne pouvait articuler une parole, il étouffait : c'était trop de bonheur, après tant de douleurs si fièrement portées.

Sur un geste de Michel, Charlotte avait depuis quelques instants déjà quitté le salon; en ce moment elle rentra, Mmes Walter, de Valréal et Hartmann l'accompagnaient : nous ne décrirons pas la scène qui eut lieu entre les deux époux, après une séparation aussi longue.

Les spectateurs de cette attendrissante réunion s'étaient discrètement retirés à l'autre extrémité du salon, laissant cette famille si éprouvée se livrer en toute liberté à la joie qu'elle éprouvait.

Otto de Walkfield s'était rapproché de Mme de Valréal avec laquelle, après l'avoir respectueusement saluée, il avait entamé à voix basse un entretien qui, à en juger par l'animation des traits de la jeune femme, semblait vivement l'intéresser.

Quant à Charlotte et à Mme Walter, elles s'étaient insensiblement rapprochées de la famille Hartmann, et, appelées bientôt par un geste affectueux, elle avaient fini par se confondre dans le groupe.

Sur ces entrefaites, le Loup-Garou parut sur le seuil de la porte secrète; après avoir jeté un regard investigateur autour de lui, il vit la comtesse de Valréal, et il s'avança vivement vers elle.

La jeune femme, en apercevant le contrebandier, étouffa un cri de joie, et posant un de ses doigts sur ses lèvres comme pour recommander, non le silence, mais la prudence au Loup-Garou, elle dit à Otto avec un de ces ravissants sourires dont seule elle possédait le secret :

— Pardonnez-moi, monsieur, si j'interromps pour quelques minutes notre entretien, mais voici un brave homme qui me cherche et semble avoir quelque chose à me dire.

— Madame..., fit le jeune homme en s'inclinant comme pour prendre congé.

— Non, restez, je vous prie, interrompit-elle affectueusement; vous pouvez sans indiscrétion assister à ce qui va se passer.

Puis, se retournant vers le Loup-Garou :

— Mais vous me cherchiez, il me semble, ami Jacques Oster?

— En effet, madame.

— Auriez-vous quelques derniers renseignements à me demander?

— A propos de quoi, s'il vous plaît, madame?

— Mais à propos de l'affaire dont j'avais chargé Karl Brunner de vous entretenir.

— Non, madame.

— Croyez-vous qu'il vous soit possible de faire cette recherche à laquelle, je ne vous le cache pas, j'attache un grand prix.

— Non-seulement possible, mais facile, madame la comtesse.

— Oh! facile! répondit-elle avec doute; songez donc qu'il s'agit non-seulement de pénétrer dans Strasbourg, mais encore de s'introduire dans ma maison qui, d'après les renseignements que je suis parvenue à prendre, est occupée par un officier prussien.

— Je sais tout cela, madame; ainsi vous attachez un grand prix au succès de cette démarche que vous considérez comme dangereuse?

— Comme très-dangereuse et presque impossible; j'y attache le plus haut prix, je donnerais cent mille francs pour avoir entre mes mains les papiers précieux que, dans la précipitation d'un départ imprévu, j'ai été contrainte d'abandonner dans ma maison.

Le Loup-Garou sourit finement.

— Quel bonheur, madame la comtesse, que l'offre d'une aussi forte somme ait été faite seulement devant moi!

— Pourquoi donc cela, mon ami?

— Parce que, madame la comtesse, votre argent serait fort aventuré si tout autre que moi eût reçu cette promesse.

— Je suis toute prête à la tenir.

— Je n'en doute pas, madame, mais, croyez-moi, mieux vaut garder votre argent, vous en aurez peut-être besoin avant peu.

— Mais ces papiers, ces papiers, il me les faut à tout prix.

— S'il en est ainsi, vous les aurez.

— Oui, mais quand?

— Vous êtes donc bien pressée de les avoir?

— Oui, reprit-elle en le regardant fixement, parce que chaque seconde qui s'écoule peut les faire découvrir.

— Eh bien, madame, rassurez-vous, dit-il en souriant, puisque ces papiers sont si précieux, que vous désirez tant les avoir en votre possession, les voici, ou du moins je le suppose, s'ils sont renfermés dans ce coffret.

Et retirant de dessous sa veste la cassette dont il s'était emparé à Strasbourg dans la maison de Mme de Valréal d'une façon si audacieuse, il la présenta à la jeune femme.

Celle-ci s'en empara avec un mouvement de joie fébrile en poussant un cri de bonheur.

— Oh! mon ami, dit-elle avec âme, comment pourrai-je jamais...

— Pas un mot de plus, madame la comtesse, interrompit-il avec une brusquerie presque brutale afin de mieux cacher l'émotion qu'il éprouvait, on ne récompense pas un homme pour avoir fait son devoir, on lui dit merci et c'est fini par là.

— Diable d'homme, fit Otto en riant; il est impayable, sur ma parole.

— Comment est-il possible que déjà vous vous soyez acquitté de cette mission?

— Oh! cela n'a pas été difficile, madame; j'avais été chargé par M. Michel de reconduire M. de Poblesko à Strasbourg; j'ai profité de l'occasion pour faire d'une pierre deux coups, et voilà, c'est tout simple.

— Vous le voyez, madame, avec le Loup-Garou tout est toujours tout simple, fit Otto en riant; si vous m'en croyez, vous interrogerez un de ses compagnons et alors vous entendrez le récit d'un de ces traits d'audace et de témérité qui dépassent toute croyance; quant à lui, n'insistez pas, il ne vous dirait rien de plus, il a la ferme conviction que tout ce qu'il a fait est on ne peut plus naturel et ne vaut pas la peine d'être raconté.

— Oui, oui, je sais cela, répondit la comtesse devenue pensive, mais je sais aussi ce que je dois à cet homme extraordinaire, et j'ai, je le crois, trouvé le moyen de m'acquitter envers lui, autant toutefois que cela est possible après ce qu'il a fait pour moi; et la lettre? ajouta-t-elle avec une certaine hésitation.

— La lettre a été remise aux mains d'une personne sûre qui doit déjà l'avoir fait parvenir à son adresse.

— Merci; c'est au sujet de cette lettre, dit-elle en s'adressant au jeune homme, que je désire, monsieur, avoir avec vous un sérieux entretien.

— Vous savez, madame, que je suis complètement à vos ordres; tout ce que vous me demanderez, je me hâterai de le faire, je m'y engage sur l'honneur.

— Je retiens votre parole, monsieur, répondit-elle en souriant.

Il y eut un court silence.

Le Loup-Garou, voyant que ni Otto ni Mme de Valréal ne semblaient plus songer à lui, salua respectueusement la comtesse et fit quelques pas pour se retirer, des motifs sérieux exigeant impérieusement sa présence ailleurs.

La comtesse s'approcha de lui, et, posant sa main blanche sur le bras du contrebandier, elle lui dit avec un délicieux sourire :

— Arrêtez, Jacques Oster, j'ai quelques mots à vous dire encore.

Le Loup-Garou s'arrêta.

— Vous n'êtes pas un homme auquel on puisse offrir de l'argent, reprit-elle, je le sais, cependant je veux, je tiens absolument à m'acquitter envers vous.

— A quoi bon? fit-il en haussant les épaules d'un air bourru, vous ne me devez rien.

— Ce n'est pas mon avis, voici le moyen que j'ai trouvé, fit-elle affectueusement, et cette fois je vous défie de me refuser.

Le contrebandier la regarda avec étonnement.

— C'est comme cela, reprit-elle en riant,

il vous faut en prendre votre parti, à vous je ne dois rien, c'est convenu ; mais vous avez un fils, le seul lien qui vous rattache à la vie, le seul être que vous aimez peut-être.

— Eh bien ? balbutia-t-il avec inquiétude.

— Eh bien, mon ami Jacques Oster, à compter d'aujourd'hui votre fils devient le mien ; je me charge de lui, il sera élevé avec mon Henri et recevra la même éducation que lui ; je veux en faire un homme ; plus tard, son éducation terminée, il choisira la carrière qui lui plaira le mieux, et je lui faciliterai toutes les voies pour réussir : il est bien entendu que je ne prétends en aucune façon vous séparer de votre fils ; vous resterez près de lui, vous le verrez tant que vous voudrez ; je possède d'immenses forêts dans lesquelles vous vivrez à votre guise ; acceptez-vous cet arrangement ?

Des larmes coulaient lentement des yeux du contrebandier sur ses joues brunies.

— Vous feriez cela pour mon petit gars, madame ? dit-il d'une voix tremblante, vous ne me trompez pas ?

— Pourquoi vous tromperais-je, pauvre homme ? lui dit-elle avec une extrême bonté ; je vous ai donné ma parole, voici ma main.

Le contrebandier pressa doucement cette main mignonne, qui disparaissait tout entière dans sa main calleuse ; il la souleva doucement et la porta à ses lèvres, et d'une voix que l'émotion brisait et rendait sourde et rauque :

— Je vous crois, dit-il, vous êtes bonne ; j'accepte pour mon petit gars, et maintenant, madame, je suis à vous corps et âme ; ma vie vous appartient, disposez-en.

— Je sais que je puis compter sur vous, Jacques Oster, reprit-elle doucement, le moment venu, je vous appellerai.

— Je serai prêt, madame.

Et, après avoir salué une dernière fois la comtesse qui le regardait s'éloigner d'un air pensif, il se dirigea vers la porte secrète du salon ; mais en passant auprès de Michel Hartmann, celui-ci se retourna brusquement en l'arrêtant au passage par le collet de sa veste :

— Où vas-tu, déserteur ? lui dit-il gaiement, nous avons besoin de toi ici, reste avec nous.

La comtesse de Valréal avait repris la conversation avec le commandant Otto de Walkfield.

Tous deux, bien que parlant fort bas, s'étaient, afin de causer plus à leur aise, retirés dans l'angle le plus éloigné du salon.

— Laissez-moi, mon commandant, avait répondu le Loup-Garou à Michel, j'ai absolument besoin dehors.

— C'est possible, mais nous avons besoin de toi ici, nous.

— C'est pour une affaire importante, je ne vous demande qu'un quart d'heure.

— Hum ! et dans un quart d'heure tu seras de retour ?

— Je vous le promets, commandant.

— De quoi s'agit-il donc ?

— Vous le saurez bientôt, mais je vous en prie, laissez-moi sortir.

— Va donc, puisque tu le veux absolument, mais ne sois pas long.

— Un quart d'heure, pas davantage.

Michel lâcha alors le collet de la veste ; le Loup-Garou profita de la liberté qui lui était rendue pour s'esquiver au plus vite.

L'absence du Loup-Garou ne se prolongea pas au delà de vingt minutes ; lorsqu'il reparut, toute trace d'émotion avait disparu de son visage, ses traits avaient repris leur rigidité habituelle.

Il ne restait plus dans le salon, lorsque le Loup-Garou rentra, que Mme la comtesse de Valréal, le commandant Otto de Walkfield et le commandant Michel.

Le jeune officier offrit son bras à Mme de Valréal et la conduisit à un canapé ; puis d'un geste il engagea Otto et le Loup-Garou à s'asseoir.

— Mon cher Otto, dit-il alors, maintenant que nous avons donné à nos épanchements de famille tout le temps dont mon père, ma mère, ma sœur et moi pouvions strictement disposer, le sang-froid m'est complétement revenu et avec lui les lourds soucis inséparables de la situation dans laquelle je me trouve fatalement placé ; votre arrivée imprévue m'a causé une vive joie, mêlée, je vous l'avoue, d'une assez grande inquiétude ; je vous connais trop pour ne pas comprendre que si vous vous êtes hasardé à vous avancer jusqu'ici, c'est que des raisons de la plus haute importance vous y ont engagé ; chaque jour notre situation se tend davantage ; elle était difficile, maintenant elle se fait critique ; le moment d'une explication franche entre nous est venue ; ne le pensez-vous pas comme moi ?

— Vous l'aurez, mon ami ; toute hésitation doit finir ; il nous faut absolument prendre un parti quel qu'il soit.

— Malheureusement, il nous manque un homme, un ami, dont la présence est indispensable, et sans lequel l'honneur s'oppose à ce que nous prenions une résolution quelconque, car plus que nous encore il est intéressé dans cette question.

— De qui donc voulez-vous parler, cher ami ?

— De qui vous parlerais-je, si ce n'est de notre brave Ludwig, le commandant des francs-tireurs d'Altenheim ; vous savez que cette compagnie de partisans est presque entièrement composée des ouvriers de la fabrique de mon père ?

— Je le sais, oui, mon ami ; mais rassurez-vous ; avant de me mettre en marche pour vous rejoindre, je lui ai expédié un exprès, avec un mot dans lequel je l'avertissais de ce que j'allais faire, et je le priais de se rendre ici toute affaire cessante.

— Merci d'y avoir songé ; alors je crois que nous ferons bien de l'attendre.

— Il sera ici avant une demi-heure, dit le Loup-Garou.

— Comment le savez-vous !

— Pardieu ! ce n'est pas difficile, son avant-garde est déjà arrivée ; le sergent Petrus Weber, qui la commande, m'a assuré que la compagnie ne se trouvait pas à plus d'une lieue ou d'une lieue et demie en arrière.

— Oh ! alors le fait est certain.

— Très-certain ; mais pardon, messieurs, puisque nous avons quelques instants devant nous, je désirerais vous adresser une question et savoir quelles sont vos intentions au sujet d'un certain individu que je viens à l'instant de faire arrêter moi-même au moment où il essayait de nous brûler la politesse : heureusement que toutes les issues étaient soigneusement gardées.

— De qui s'agit-il donc ? demanda Otto.

— D'un misérable qui nous a vendus aux Prussiens, fit Michel avec dégoût.

— Oh ! oh ! que dites-vous donc là ?

— La vérité, un ouvrier belge de notre fabrique s'est engagé à nous livrer aux Allemands contre une certaine somme d'argent.

— Voilà, sur mon honneur, un bien odieux misérable ! avez-vous une certitude ?

— Hélas ! oui, mon ami, bien que j'ignore comment le Loup-Garou a été instruit de cette trahison. Quant à moi, je ne puis conserver le plus léger doute, le fait m'a été dénoncé aujourd'hui même avec toutes les preuves les plus irrécusables, quelques minutes seulement avant votre arrivée.

— Moi je l'ai appris cette nuit par le père Carillon, qui a tout entendu ; le complot s'est fait dans son cabaret, dit le Loup-Garou.

— C'est affreux ! s'écria Otto.

— Plus affreux que vous ne le supposez ; savez-vous qui est cet homme ? le beau-frère de Ludwig, notre brave camarade ; c'est sa nièce, la fille de Ludwig, qui m'a dénoncé la trahison, ou qui, du moins, a tout avoué à ma sœur et à Charlotte Walter qui me l'ont rapporté.

— Le cas est très-grave, justice doit être

faite ; mais Ludwig, ce cœur si loyal, ce noble caractère, il en mourra de honte et de désespoir.

— Je crois qu'il vaut mieux ne rien cacher à Ludwig, attendre qu'il soit ici et alors prendre une détermination d'accord avec lui.

— Si les choses sont ainsi que vous le dites, les Prussiens connaissent notre retraite ; d'un moment à l'autre nous pouvons les voir arriver ; je suis d'avis de nous presser, au contraire, et d'abandonner immédiatement les ruines.

— Rassurez-vous, messieurs, dit le contrebandier, grâce à Dieu, les choses ne sont pas aussi avancées que vous le craignez ; les Allemands ne savent rien encore.

— Prenez garde de nous induire en erreur, Loup-Garou ; vous le savez, une erreur serait mortelle pour nous.

— Je sais, monsieur Otto, mais je suis sûr de ce que j'avance, Fisher n'a encore rien dit de positif ; les Allemands soupçonnent notre retraite sans savoir exactement où elle se trouve ; je suis certain de cela, c'est aujourd'hui seulement que Fisher devait avoir rendez-vous au cabaret du père Carillon, pour toucher la somme promise pour sa trahison, et révéler le lieu où nous sommes établis ; Fisher ne sera pas au rendez-vous puisque je l'ai arrêté ; de plus, l'officier prussien avec lequel il devait traiter, chez le père Carillon, est, selon toutes probabilités, à Strasbourg, s'il ne s'est pas arrêté en route, après la déroute de ce matin ; qui sait si cet officier ne croit pas avoir été trahi lui-même, et après le désastre de ses troupes, si rudement battues, n'accuse pas Fisher de l'avoir fait tomber dans un piége ?

— En effet, tout cela est assez probable, cependant, lorsqu'il s'agit du salut de tant de gens, on ne saurait prendre trop de précautions.

— La plus efficace, messieurs, était d'envoyer des éclaireurs dans toutes les directions afin de s'assurer des mouvements de l'ennemi ; ces éclaireurs, je les ai expédiés moi-même ; lorsqu'ils rentreront, nous saurons définitivement à quoi nous en tenir ; d'ici là, mon humble avis, puisque vous me permettez de vous le donner, est que nous n'avons rien autre chose à faire que d'attendre le retour de nos batteurs d'estrade, en même temps que l'arrivée du commandant Ludwig.

— En effet, le Loup-Garou a raison, il faut attendre.

— Attendons donc, je n'y vois plus d'inconvénient maintenant.

— C'est ce pauvre Ludwig qui m'inquiète, dit Michel avec tristesse.

— Ludwig est un homme de cœur que nous aimons et que nous estimons tous, dit vivement Otto ; il ne saurait être, sous aucun prétexte, rendu responsable de l'infamie de ce drôle de Fisher, qui, du reste, n'est son parent que par alliance.

— Il n'y a jamais eu une grande sympathie entre Ludwig et Fisher, c'est malgré lui que cet homme est entré dans sa famille ; la mauvaise conduite de Fisher a toujours élevé une barrière entre lui et son beau-frère, dit le Loup-Garou. Du reste, messieurs, si vous me le permettez, je prendrai sur moi d'annoncer au commandant Ludwig ce qui se passe ; cette affreuse nouvelle venant de moi lui causera, j'en suis sûr, une émotion moins grande que si vous la lui annonciez, vous qui par votre éducation et votre position dans le monde, vous trouvez si fort au-dessus de lui ; Ludwig et moi nous sommes du peuple, nous savons comment nous devons nous interroger pour nous comprendre à demi-mot ; que pensez-vous de cette proposition, messieurs ?

— Je pense, mon cher Jacques Oster, dit Michel en lui tendant la main, que vous êtes un brave cœur et que vous avez instinctivement toutes les délicatesses ; oui, il vaut mieux que vous vous chargiez de cette pé-

Le colonel Denfert, qui commande la ville de Belfort, est un véritable homme de guerre (page 12).

nible mission; venant de vous, le coup sera moins rude.

— Puisque vous m'autorisez à agir, mon commandant, je vais avec votre permission vous quitter pour aller au-devant de Ludwig, afin que personne ne me prévienne, et ne l'instruise maladroitement.

— C'est cela, mon ami, allez; nous vous attendons ici.

Le Loup-Garou se leva et sortit aussitôt du salon.

Les deux commandants demeurés seuls arrêtèrent entre eux certaines mesures urgentes; ils étaient tombés d'accord sur presque toutes les questions, lorsqu'un grand bruit de pas se fit au dehors, et quatre ou cinq personnes entrèrent dans le salon.

La première qui parut fut le Loup-Garou qui probablement servait de guide aux autres; derrière lui entrèrent le commandant Ludwig, Lucien Hartmann et Petrus Weber.

Le commandant Ludwig était pâle, ses sourcils étaient froncés à se joindre; il semblait en proie à une vive émotion intérieure, mais son pas était assuré; il portait haut la tête et son œil lançait des éclairs; il y avait du lion et de l'agneau dans cette grande et belle organisation, qui personnifiait, pour ainsi dire, le peuple dans sa force et sa bonté.

Michel et Otto se levèrent avec empressement pour souhaiter la bienvenue aux arrivants et serrèrent affectueusement les mains de Ludwig, puis chacun prit place.

— Messieurs, dit alors Ludwig d'une voix puissante, et vous surtout, monsieur Michel, je vous suis profondément reconnaissant de ce que vous avez fait pour moi ; le Loup-Garou m'a tout dit : justice est faite ; le misérable ne trahira plus personne.

Après cette déclaration nette et précise, prononcée d'une voix ferme, il y eut un silence lugubre qui dura pendant quelques instants ; puis Ludwig reprit en promenant un regard assuré autour de lui :

— Ce que je vous dis, fit-il avec amertume, n'a rien qui vous doive surprendre ; cette affaire me regardait seul, et je vous remercie une fois encore de m'avoir laissé le soin de la régler ; en effet, ce misérable était mon parent par alliance seulement, pour l'honneur de ma famille, mais encore par sa qualité d'ouvrier de la fabrique, il était le compagnon, je ne veux pas dire l'ami de nous tous ; en trahissant et vendant à l'ennemi le secret de la retraite de nos familles et les livrant lâchement, il commettait un crime d'autant plus grand et plus infâme, que c'étaient ses parents et ses amis qu'il vendait ainsi aux bourreaux pour quelques pièces d'or. Je ne parle ici que pour mémoire des obligations sans nombre qu'il avait à toute la famille Hartmann ; celui qui trahit les siens peut vendre ses bienfaiteurs. C'étaient donc les francs-tireurs d'Altenheim qui devaient juger ce misérable, car c'était eux, surtout, que menaçait sa trahison.

Aussitôt arrivé au chêne du Haut-Baron, j'ai réuni le conseil de guerre de la compagnie ; Fisher a comparu devant lui, je présidais ; ma qualité de parent de cet homme exigeait impérieusement que je donnasse l'exemple du respect à la loi ; l'accusé ne s'est pas démenti, il s'est montré lâche ; il a avoué tous ses crimes en embrassant nos genoux avec des larmes et des cris de désespoir ; je suis demeuré inflexible, car il fallait que justice fût faite ; elle le fut. Le traître a été condamné à mort ; mais comme le temps pressait, que la prudence exigeait que le bruit des coups de feu ne fût pas entendu de l'ennemi embusqué peut-être aux environs, le condamné a été roulé dans une couverture, bâillonné, garrotté et lancé dans le Gave avec une lourde pierre attachée aux pieds ; tout est fini pour lui en ce monde, que Dieu lui fasse miséricorde dans l'autre ! Maintenant que je vous ai rendu compte du jugement et de l'exécution de ce misérable, j'ai accompli mon devoir jusqu'au bout, sans faiblesse comme sans haine ; que cet homme soit donc oublié, il a reçu le châtiment qu'il méritait ; on ne peut et on ne doit lui demander rien de plus ; songeons à sauver ceux qu'il a failli perdre et qui peut-être courent en ce moment, à cause de sa trahison, un danger de mort.

Michel et Otto étaient frappés de stupeur, ils étaient pâles, une sueur glacée inondait leurs tempes, ils se sentaient saisis d'une admiration mêlée d'effroi pour cet homme, qui sans hésitation et sans crainte n'avait pas reculé devant l'accomplissement d'un si effrayant devoir.

Un silence morne et qui se prolongea longtemps suivit la déclaration faite par le commandant des francs-tireurs d'Altenheim.

Michel comprit qu'il ne fallait pas laisser plus longtemps ses compagnons et lui-même sous le coup de ce sinistre événement, et qu'une réaction était urgente.

— Messieurs, dit-il, vous avez entendu notre ami et compagnon, le commandant Ludwig, justice est faite, que le nom du traître ne soit plus prononcé parmi nous ; un devoir suprême nous est imposé : détourner les dangers que cet homme a accumulés sur nos têtes, et conduire saines et sauves dans une retraite sûre les malheureuses familles qui ont eu foi en nous et se sont confiées à notre honneur; mais, avant tout, il faut que nous soyons exactement renseignés sur la situation dans laquelle nous nous trouvons, que nous connaissions les événements qui se sont passés autour de nous, afin que nous sachions quelles sont les ressources qui nous restent et de quels moyens nous pouvons disposer, pour assurer le salut de tant d'êtres qui nous sont chers et que nous sommes résolus de défendre jusqu'à la dernière goutte de notre sang.

— Un mot, s'il vous plait, mon commandant, dit Pétrus.

— Parlez, monsieur.

— C'est une espèce de conseil de guerre que nous tenons, n'est-ce pas, commandant?

— C'est un conseil de guerre.

— Il me semble, sauf meilleur avis, commandant, qu'il serait peut-être bon que les officiers de nos trois compagnies assistassent à ce conseil, afin qu'ils se pénètrent bien de la gravité de la situation et que connaissant toute l'étendue des dangers qui nous menacent, le moment venu d'agir, ils nous prêtent un concours plus efficace; que pensez-vous de cette proposition, mon commandant?

— Je pense, cher monsieur Petrus Weber, répondit gracieusement Michel, que, aujourd'hui comme toujours, vous représentez parmi nous le bon sens et la logique, et que par conséquent il va immédiatement être fait droit à votre demande, qui est très-juste. Loup-Garou, mon ami, voulez-vous, je vous prie, prévenir MM. les officiers de se rendre ici à l'instant?

Petrus s'inclina devant le commandant et le Loup-Garou quitta le salon.

Bientôt il reparut suivi de tous les officiers des francs-tireurs d'Altenheim, de ceux de Otto de Walkfield et du Parisien qui, avec lui, représentaient les officiers de la petite troupe de Michel.

Un nouveau personnage, qui fut accueilli avec les marques de la plus vive sympathie, fit son entrée au même instant.

Ce nouveau venu, que personne n'attendait, mais dont chacun désirait la présence, était Yvon Kerdrel.

Le jeune officier arrivait à l'instant même au chêne du Haut-Baron, de retour de la mission qui lui avait été confiée par Michel.

La réunion était au grand complet, elle se composait d'une vingtaine de personnes.

Chacun s'installa tant bien que mal, car l'espace était fort restreint, et lorsque Michel vit que tout le monde était assis, il reprit la parole.

— Je prie, dit-il, notre ami et collègue Otto de Walkfield de nous donner les renseignements les plus détaillés sur les événements qui se sont accomplis pendant ces dernières semaines.

Chacun se prépara à écouter avec la plus sérieuse attention.

Otto de Walkfield était bien instruit; ses innombrables relations lui avaient permis de puiser ses renseignements aux meilleures sources; sans emphase, sans passion, il raconta dans leurs plus infimes détails tous les événements qui s'étaient passés, clairement, nettement, s'attachant surtout à être véridique, à ne rien atténuer comme à ne rien dissimuler; il fallait, et il le comprenait, que tous ces hommes qui l'écoutaient et qui, depuis le commencement de la guerre, étaient presque complètement privés de nouvelles, sussent à quoi s'en tenir sur les événements, afin de juger sainement la situation et de prendre, sans hésitation comme sans faiblesse, les mesures nécessaires pour éviter une catastrophe imminente.

Le jeune commandant parla longtemps d'une voix nerveuse, dont les accents sympathiques faisaient pénétrer la conviction dans le cœur de ses auditeurs.

— Messieurs, ajouta-t-il en terminant, il résulte pour nous de ce que vous venez d'entendre ce fait très-grave, que la France, surprise, livrée pour ainsi dire pieds et poings liés à ses ennemis ; sans armée solide, presque sans armes, se débat fatalement dans les angoisses du désespoir, au milieu du cercle de fer qui l'enveloppe de toutes parts ; non pas dans l'espérance de rappeler la victoire sous ses drapeaux, mais pour conserver son honneur et inspirer en tombant à ses ennemis eux-mêmes le respect et l'admiration qui s'imposent à tout dévouement sublime ; impuissante à se sauvegarder elle-même, elle est contrainte de nous abandonner aux inspirations de notre patriotisme. Vaincre nous est impossible ; nous avons défendu notre terre d'Alsace et de Lorraine pied à pied, pouce à pouce, l'heure est enfin venue pour nous de donner à nos ennemis une preuve éclatante de ce que peut le patriotisme d'hommes comme nous en faisant, devant les forces écrasantes qui nous enveloppent, une retraite léonine, reculant pas à pas sans cesser de faire face à l'ennemi, lui imposant par notre attitude, le tenant à distance, lui échappant malgré tous ses efforts, et rejoignant enfin sans nous être laissé entamer les glorieux restes de ces armées françaises si longtemps invincibles.

Ces paroles, prononcées avec un entraînement chaleureux, furent couvertes par d'unanimes applaudissements ; tous ces hommes dévoués qui préféraient mourir que de traiter avec l'ennemi et déposer honteusement les armes, accueillirent avec enthousiasme la proposition d'une retraite glorieuse faite sous les yeux mêmes des troupes allemandes, sans que celles-ci pussent s'y opposer ; il y avait dans cette proposition quelque chose de patriotiquement grandiose qui souriait à ces cœurs d'élite.

— Tout ce que vous avez dit, commandant Otto de Walkfield, répondit Ludwig en étouffant dans sa vaste poitrine un soupir ressemblant à un rugissement, n'est malheureusement que trop vrai, l'illusion n'est plus possible ; continuer plus longtemps la lutte, lorsque tout ce qui nous entoure nous est hostile, serait un acte de folie, nous nous ferions tuer sans bénéfice pour la France, et pour nous-mêmes, puisque notre mort entraînerait la perte immédiate de tous les êtres qui nous sont chers et pour la défense desquels nous avons combattu pendant de longs mois ; faire retraite n'est pas fuir, reculons donc, puisqu'il le faut, mais, en nous retirant, ne laissons rien derrière nous, ne livrons aux Prussiens que ce sol sacré que nous ne pouvons plus défendre aujourd'hui, mais que, j'en ai la conviction, nous leur reprendrons bientôt. Est-ce ainsi que vous comprenez que nous devons nous retirer ?

— Certes, à quoi bon abandonner la partie, si nous ne sauvons pas nos femmes, nos enfants et nos vieillards ? tous doivent nous suivre et partager notre sort.

— A la bonne heure, voilà du français que j'entends et qui résonne doucement à mon oreille ! maintenant, quelle direction prendrons-nous, quel sera notre objectif, pour employer des termes militaires ?

— Belfort ! s'écria Michel vivement, c'est vers ce point que doit être dirigée notre retraite, c'est cette ville que nous devons mettre tous nos efforts à atteindre.

— Oui, dit Otto, et cela d'autant plus que Belfort se défend énergiquement et défie toutes les attaques des forces prussiennes, qui l'ont depuis longtemps investie : l'héroïsme de cette ville se rit de la tactique et de la discipline prussiennes. Le colonel Denfert, qui commande la ville de Belfort, est un véritable homme de guerre, un patriote dévoué, il mourra à son poste peut-être, mais certainement il ne rendra jamais la ville qu'il est chargé de défendre.

— Bien, reprit Ludwig, moi aussi j'avais pensé à Belfort, je connais le colonel Denfert, j'ai servi sous ses ordres ; c'est un soldat, il est dur pour lui autant que pour les autres, il n'y a pas à badiner avec lui, il faut marcher droit, mais il est juste et il est l'ami du soldat; mais Belfort est bien loin.

— C'est vrai, dit Michel, mais Belfort c'est encore l'Alsace.

— Vous avez raison, commandant, va pour Belfort; il ne nous reste plus maintenant à régler que les détails de l'expédition.

— Oui, voilà le mot, nous ne nous mettons pas en retraite, nous poussons une pointe à travers les forces allemandes pour nous appuyer sur une ville fortifiée, dit Otto d'un air de bonne humeur : ce mot de retraite me taquinait et m'horripilait affreusement : expédition est le mot propre.

— Je suis d'avis, dit alors Michel, puisque ces messieurs sentent tous comme nous qu'il est impossible de tenir plus longtemps la campagne dans les positions que nous occupons, que des mesures soient prises sans retard pour opérer notre mouvement dans les conditions de sûreté indispensables aux femmes, aux enfants et aux vieillards que nous emmenons avec nous.

En ce moment, Ludwig se leva vivement et s'adressant aux membres du conseil :

— Messieurs et compagnons, dit-il avec une animation fébrile, nous sommes placés dans de telles conditions que la plus grande franchise doit être à l'ordre du jour entre nous; la confiance, la solidarité, peuvent seules nous sauver; depuis le premier jour quelle a été notre devise ?

— Tous pour un, un pour tous ! s'écrièrent d'une seule voix tous les officiers des francs-tireurs.

— Oui, reprit Ludwig avec émotion, et nous avons tenu loyalement les engagements auxquels nous obligeait cette parole; un seul, un misérable, d'autant plus criminel qu'il était non combattant et protégé par nos poitrines si vaillamment opposées à l'ennemi, a failli à l'honneur; justice a été faite, il est vrai, mais il ne faut pas, je ne dirai point qu'un fait semblable se représente, cela est impossible, mais qu'une indiscrétion puisse être commise à l'avenir, car cette indiscrétion serait mortelle; en conséquence, je demande que les trois commandants seuls, assistés de deux ou trois officiers qu'ils désigneront eux-mêmes, prennent la responsabilité entière de tout ce qui sera fait pendant la rude campagne que nous entreprenons, que leurs décisions soient secrètes, et que leurs ordres soient exécutés, sans hésitations, sans commentaires et sans qu'ils aient besoin de donner des explications; pensez-y bien, messieurs, notre salut, celui de nos familles est à ce prix.

— Oui, dit le Loup-Garou; si le secret n'est pas gardé, rien ne pourra se faire.

— Il est bien entendu, ajouta Michel, que nous nous réservons dans les circonstances exceptionnelles le droit de consulter nos officiers afin de profiter de leurs bons avis.

— Messieurs, dit alors un vieux capitaine, au nom de mes camarades et au mien j'approuve tout ce qui vient d'être proposé, nous jouons une partie terrible; une vigoureuse initiative, une exécution rapide, une discipline sévère peuvent seules nous assurer le succès.

— Nous connaissons nos chefs, nous savons ce dont ils sont capables, dit un autre, laissons-leur carte blanche, c'est le seul moyen de nous sortir du guêpier dans lequel nous sommes.

— Oui, oui, carte blanche ! s'écrièrent d'une seule voix tous les autres officiers.

— Comment hésiterions-nous à donner à nos chefs cette marque suprême de la confiance qu'ils nous inspirent ? dit le capitaine Pippermann, nous combattons pour nos femmes et nos enfants.

— Messieurs, dit Michel, la responsabilité que vous nous imposez est lourde; mais nous ne faillirons pas à notre tâche; nous vous remercions de la confiance que vous mettez en nous, et, quoi qu'il arrive, nous saurons accomplir notre devoir; un dernier mot avant de nous séparer :

Que Dieu nous aide! Vive la France! vive la République!

— Vive la France! vive la République!

Ce cri s'élança enthousiaste et puissant hors de toutes les poitrines, puis les officiers saluèrent respectueusement leurs chefs et se retirèrent; quelques-uns seulement, sur des signes qui leur avaient été adressés, demeurèrent: c'étaient le Loup-Garou, le Parisien, Rolland et Hertzog, le garde forestier du Prayé.

Mme de Valréal se leva pour se retirer elle aussi, mais Michel la pria gracieusement de se rasseoir.

— Nous avons besoin de vous, madame, lui dit-il en souriant.

— Maintenant, messieurs, dit Otto en se frottant les mains, à l'œuvre! Je ne sais pourquoi, mais il me semble que nous réussirons.

— Je le crois comme vous, commandant, répondit le Loup-Garou de son air moitié figue, moitié raisin.

Alors commença entre tous ces hommes dévoués la conférence secrète du résultat de laquelle dépendait, selon toutes probabilités, le salut général.

Cette conférence fut longue; elle se prolongea pendant plusieurs heures, mais lorsque les membres de ce consistoire secret se levèrent, leurs martiales physionomies rayonnaient d'espoir.

II

PENDANT LA RETRAITE

Quelques jours s'étaient écoulés depuis les événements racontés dans nos précédents chapitres; la guerre semblait redoubler de fureur; chacun prévoyait, les uns avec désespoir, les autres avec une satisfaction secrète, qu'une catastrophe terrible était imminente.

En effet, comme aux époques à jamais désastreuses du Bas-Empire, les hordes barbares des Borusses et des Teutons s'étaient abattues sur la France comme une nuée de sauterelles, l'avaient envahie, et, s'étendant dans toutes les directions, menaçaient de la couvrir tout entière de leurs hordes pillardes, rapaces et cruelles. A leur approche, femmes, enfants, vieillards, animaux, tout fuyait pêle-mêle.

Les villes et les villages brûlaient comme de sinistres phares partout où ils passaient; ils laissaient derrière eux une trace sanglante accidentée par des ruines noircies; nos armées, composées à la hâte de jeunes gens que l'amour de la patrie avait enlevés à leurs foyers dévastés, mais inhabiles encore au rude métier de la guerre, reculaient pas à pas en frémissant devant la marée toujours montante du flot des envahisseurs, illustrant leurs retraites de victoires glorieuses, mais qui devaient rester stériles pour le succès de la guerre; notre honneur militaire était sauvé, grâce au dévouement et à l'indomptable courage de nos jeunes recrues, mais notre prestige militaire était perdu, et la France sanglante et meurtrie penchait de plus en plus vers l'abîme qui, dans l'opinion de l'Europe, spectatrice égoïste et jalouse de nos succès passés, devait finalement engloutir jusqu'à notre nationalité même, sans espoir ni possibilité de nous relever jamais d'une aussi effroyable chute.

Le terrible *finis Galliæ* était sur toutes les lèvres minces de ces hideux serpents à lunettes qui composaient la diplomatie européenne.

Seul le peuple ne désespérait pas; il avait foi dans la mission providentielle de la France; il savait que ces grandes conquêtes humanitaires, le progrès et la liberté ne s'achètent que par de sanglantes hécatombes et que la force ne peut rien fonder; accablés sous le nombre, nos jeunes soldats présentaient bravement leurs poitrines à l'ennemi et tombaient le sourire sur les lèvres, aux cris enthousiastes de : Vive la République !

On croyait la France définitivement morte, au contraire elle renaissait, et, comme Lazare, elle sortait du tombeau, pour reprendre, à l'effarement général de ses ennemis stupéfiés, sa place au milieu des nations deux ans à peine plus tard.

Mais nous n'en étions pas encore là, l'avenir était caché sous un voile sanglant chargé de tempêtes ; la lutte, près de finir, continuait avec un acharnement inouï, le canon faisait entendre sans relâche sa voix sinistre, et les hommes se couchaient sur le sol, comme les épis mûrs tombent dans le sillon sous la faux du moissonneur. Le moissonneur, c'était l'empereur d'Allemagne, le despote sanglant, le piétiste fanatique, qui mêlait à la fois dans la même pensée le vol, le meurtre et la religion. Mandrin lugubre dont les soldats pillaient en invoquant le Seigneur, violaient et massacraient en remerciant le Dieu des armées.

La nuit était sombre, huit heures sonnaient à un clocher éloigné, le vent faisait rage à travers les branches des arbres qui se choquaient entre elles, des nuages grisâtres couraient follement dans l'espace ; un détachement nombreux de francs-tireurs était campé sur un des sommets du Monchsberg, en Alsace.

Le Monchsberg, sans être une des montagnes les plus élevées de l'Alsace, en est peut-être la plus curieuse et la plus pittoresque, couverte qu'elle est d'épaisses forêts de sapins et de merisiers, et arrosée par de nombreuses sources qui se précipitent en magnifiques cascades le long de ses flancs escarpés. Avant la guerre elle était semée de nombreux hameaux à demi enfouis sous des massifs de sombre verdure et de grandes exploitations agricoles ; de son sommet on jouit du spectacle magnifique de la riche et fertile vallée de Saint-Grégoire, au milieu de laquelle, presque à la base du Monchsberg, s'élève la coquette petite ville de Munster, construite sur les bords de la Fescht ; puis la vue s'étend jusqu'à Colmar d'un côté qui n'en est éloigné que de vingt kilomètres, et de l'autre une foule de villes et de villages capricieusement groupés jusqu'au sommet élevé et presque perdu dans les nuages du ballon d'Alsace.

On était aux derniers jours de décembre ; pendant près de trente-six heures, la neige était tombée avec violence dans la montagne ; cependant, vers sept heures du soir, le jour où nous reprenons notre récit, elle s'était arrêtée et le temps s'était définitivement mis au froid.

Les francs-tireurs avaient atteint l'endroit où nous les trouvons campés, vers quatre heures du soir, au plus fort de la tempête de neige.

L'endroit où ils avaient établi leur campement était des mieux choisis, c'était l'emplacement d'un village abandonné dès le commencement de la guerre ; quelques maisons, encore en assez bon état, leur offraient un abri suffisant contre le froid de plus en plus vif qui sévissait sur ces hauts sommets, et ils n'avaient aucune surprise à redouter à cause de la neige qui s'était amoncelée sur toutes les pentes, dans tous les sentiers, et rendait toute direction impossible pour tout autre qu'un montagnard élevé dans la contrée même ; de plus, la neige, en continuant à tomber avec force pendant trois heures après l'arrivée des francs-tireurs au village, avait complètement fait disparaître les traces de leur passage à travers les sentes perdues de la montagne.

Les francs-tireurs conduisaient avec eux plusieurs de ces singulières charrettes particulières à l'Alsace, qui peuvent passer par tous les chemins et franchir sans danger les passages les plus difficiles ; ces charrettes recouvertes de toiles goudronnées, servaient d'asile à des femmes et à des enfants, qui furent immédiatement se réfugier dans les maisons, tandis que les chevaux et les charrettes étaient abrités tant bien que mal dans les cours et sous les hangars à demi ruinés; des sentinelles furent placées de façon à ne pas trop souffrir du froid et de manière à ne pas être aperçues, puis tous les francs-tireurs se retirèrent dans les maisons, dont les fenêtres et les portes furent soigneusement bouchées au moyen de couvertures en laine très-épaisses et de planches que l'on trouva un peu partout; ces premières précautions prises, des feux furent allumés dans toutes les cheminées et les partisans se mirent en devoir de préparer le repas du soir.

Ce singulier campement avait été établi de telle sorte, qu'à moins de cent pas nul ne se serait douté, que près de trois cents individus, hommes, femmes et enfants, campaient cette nuit-là sur le sommet du Monchsberg, au milieu des ruines d'un village abandonné par ses habitants.

Vers neuf heures du soir, le ciel s'était nettoyé de tous ses nuages, il était devenu d'un bleu sombre que des milliers d'étoiles ponctuaient comme des pointes de diamant; la lune, à la fin de son premier quartier, nageait dans l'atmosphère, déversant sur la terre blanche de neige ses rayons froids et blafards qui imprimaient au paysage un cachet étrange et presque fantastique.

Dans une vaste salle du rez-de-chaussée d'une maison d'assez belle apparence qui jadis avait été la mairie, plusieurs hommes, en compagnie de quelques dames, étaient assis autour d'une vaste cheminée dans laquelle flambait un feu assez ardent pour rôtir un bœuf; ces divers personnages assez bizarrement groupés, à cause des siéges singuliers que la nécessité les avait contraints à improviser, semblaient en proie à une assez vive inquiétude; quelques-uns fumaient mélancoliquement dans ces énormes pipes en porcelaine à long tuyau, que les Alsaciens ont empruntées aux Allemands; d'autres, les regards machinalement fixés sur la flamme du foyer, réfléchissaient profondément; quelques-uns semblaient dormir; dans le fond de la salle, sur des bottes de paille étendues avec soin, deux ou trois femmes dormaient enveloppées dans des couvertures.

Carl Brunner, Hertzog, le Chacal et l'Amoureux mettaient le couvert sous la haute direction du Parisien.

Les cinq francs-tireurs avaient, au moyen de chevalets et de planches, confectionné une table telle quelle au milieu de la pièce, ils l'avaient garnie de bancs à moitié brisés qu'ils avaient trouvés au milieu des décombres et consolidés de leur mieux, et maintenant, ayant chacun un énorme panier rempli de vaisselle sous le bras, ils dressaient un couvert aussi bien ordonné qu'un mess d'officiers dans une ville de garnison en temps de paix.

Le Parisien avait l'œil à tout et veillait à ce que les plats, les assiettes fussent placés avec une irréprochable symétrie; l'éclairage surtout était un prodige d'industrie, l'Amoureux et le Chacal avaient, au moyen de bouts de planches et de morceaux de bois, improvisé un lustre qu'ils avaient garni de bougies et qui du plafond descendait juste au milieu de la table.

Rien de plus pittoresque et de plus bizarre que l'effet produit par cette table richement garnie, au milieu de ces ruines et de cette misère.

Lorsque les bougies du lustre eurent été allumées et que le Parisien se fut assuré par un examen sérieux que tout était dans l'ordre voulu, il fit un signe à ses compagnons qui sortirent aussitôt par une porte de dégagement.

Mais au bout de quelques minutes, ils reparurent apportant divers plats qu'ils posèrent cérémonieusement sur la table.

Le Parisien s'approcha alors de Michel qui était assis à l'un des angles de la cheminée, et après lui avoir fait le salut militaire :

A leur approche, femmes, enfants, vieillards, animaux, tout fuyait pêle-mêle (page 14).

— Mon commandant, lui dit-il, vous êtes servi.

Le jeune homme se leva, et s'adressant aux autres personnes qui comme lui avaient pris place autour de la cheminée :

— A table! dit-il.

Chacun sembla se réveiller à cet appel ; les pipes furent éteintes, on se leva et on alla s'asseoir à table.

Le repas commença, ce commencement fut triste et silencieux ; chacun, sauf peut-être les simples francs-tireurs, mangeait d'un air triste et préoccupé.

Enfin, lorsque le premier appétit fut apaisé et que les convives, ranimés par quelques rasades de bon vin, commencèrent à choisir de bons morceaux, M. Hartmann dit, en s'adressant à son fils :

— D'où provient, mon fils, cette préoccupation qui, depuis notre arrivée ici, semble s'être emparée de vous ? Redouteriez-vous quelque événement fâcheux ?

Le jeune homme passa la main sur son front comme pour en chasser une pensée importune, et après avoir versé dans son verre quelques gouttes de vin, qu'il but lentement :

— Nous sommes en sûreté ici, mon père, répondit-il, en reposant le verre vide sur la table ; la position que nous occupons est inexpugnable, surtout par le temps de neige et de gelée qu'il fait ; je ne crains rien pour nous.

— C'est donc pour d'autres que vous êtes inquiet ?

— Peut-être, mon père, répondit-il presque machinalement, et aussitôt il s'écria avec un geste d'impatience : Mais le Loup-Garou ne revient pas! Vive Dieu! lui serait-il donc arrivé malheur à lui aussi!

Tous les convives relevèrent subitement la tête et fixèrent sur lui des regards interrogateurs.

Le jeune homme s'aperçut alors qu'il avait laissé échappé imprudemment sa pensée secrète, il se mordit les lèvres, baissa la tête et retomba dans son mutisme.

— Je n'y comprends rien, dit à voix basse M. Hartmann à Otto de Walkfield, que se passe-t-il donc?

— Rien, je l'espère, répondit celui-ci sur le même ton; Dieu veuille que nous ayons bientôt des nouvelles.

— Mais des nouvelles de qui?

— De nos compagnons, que nous avons laissés en arrière au milieu des neiges, et qui peut-être sont tombés aux mains des Allemands qui, depuis hier, poursuivent notre arrière-garde et escarmouchent avec elle.

— Oh! Dieu veuille qu'il n'en soit pas ainsi! s'écria M. Hartmann avec douleur.

— J'espère qu'il ont échappé; Ludwig est aussi rusé que brave, il aura réussi à s'échapper; mais les femmes et les enfants qu'il conduit avec lui, ce sont eux surtout dont le sort nous inquiète.

Les convives avaient cessé de manger, une inexprimable angoisse leur serrait le cœur; tous, maintenant, comprenaient l'inquiétude de Michel et y prenaient part.

Ludwig commandait l'arrière-garde; il était par conséquent chargé de soutenir la retraite et de rallier les traînards, ceux que le froid et la fatigue contraignaient malgré eux de ralentir le pas; de plus il avait avec lui cinq ou six charrettes remplies de femmes et d'enfants, qu'il était spécialement chargé de protéger; c'était dans ces charrettes qu'il faisait monter les traînards; il était probable que, serré de près par les Prussiens, au milieu de chemins rendus impraticables par la neige, il avait été malgré lui contraint de les abandonner; c'était ce malheur que redoutait Michel, car il savait, par expérience, le cas s'étant présenté une fois déjà, que ces malheureux, s'ils avaient été pris, avaient dû être aussitôt massacrés par les Prussiens qui avaient juré de ne pas faire quartier aux francs-tireurs et à leurs adhérents.

Telle était la guerre sauvage que faisaient les Allemands, même dans ce pays qu'ils revendiquaient comme leur appartenant.

Enfin Michel n'y put tenir davantage, il quitta la table, et s'adressant au Parisien:

— Mon manteau et mes armes, dit-il d'une voix brève:

— Où allez-vous? lui demanda Otto.

— Ne le comprenez-vous pas? lui répondit-il avec amertume.

— C'est bien, je vous accompagne.

— Non, c'est impossible.

— Pourquoi cela?

— Qui veillerait au salut de ceux-ci, si vous veniez avec moi, Otto?

— C'est vrai, répondit le jeune homme, mais vous ne partez pas seul?

— Non, j'emmène mes hommes, le Parisien doit les avoir prévenus.

— Allez donc, mon ami, reprit tristement Otto, et que Dieu veille sur vous.

Lucien et Petrus s'étaient levés en même temps que Michel et s'étaient rapprochés de lui.

— Que veux-tu, Lucien? demanda l'officier à son frère, de cette voix douce et affectueuse qu'il prenait toujours en lui parlant.

— Aller avec toi, frère, répondit Lucien; Petrus et moi, nous faisons partie des francs-tireurs d'Altenheim, à l'heure du danger notre place est au milieu d'eux.

Michel fit un geste.

— Tu ne peux nous refuser, dit vivement le jeune homme, s'il y a des blessés, qui les soignera si nous ne sommes pas là?

— D'ailleurs, ajouta Petrus de sa voix sombre et caverneuse, la mission dont nous avions été chargés près de vous, commandant, est accomplie, vous ne pouvez maintenant vous opposer à ce que nous regagnions notre poste.

— Vous avez raison, vous êtes de braves cœurs, venez donc, je ne veux ni ne puis vous empêcher de remplir votre devoir.

En ce moment le Parisien rentra.

— Nos camarades sont-ils prêts? demanda Michel en prenant ses armes et jetant son manteau sur ses épaules.

— Oui, commandant, ils sont là dehors.

— Alors, ne les faisons pas attendre, répondit-il, chaque minute qui s'écoule peut être marquée par un irréparable malheur.

Et, se tournant vers les autres personnes qui se tenaient debout et atterrées autour de la table :

— N'ayez aucune crainte sur mon compte, bientôt vous me reverrez !

Il sortit, suivi d'Otto, qui voulut l'accompagner jusque sur la place du village, et de Lucien, Petrus et le Parisien.

Les francs-tireurs de Michel, rangés sur une seule ligne, attendaient leur chef le fusil sur l'épaule.

— Otto, je vous confie ce que j'ai de plus cher au monde, dit l'officier à voix basse, en serrant la main du jeune homme.

— Partez sans inquiétude ; je veillerai, répondit celui-ci en lui rendant son serrement de main ; au revoir.

— Qui sait si je reviendrai, murmura-t-il si bas que son ami ne put l'entendre, et, raffermissant sa voix : marche! dit-il.

La petite troupe s'éloigna au pas gymnastique, et bientôt elle disparut au milieu des ténèbres.

L'expédition que tentait Michel Hartmann en ce moment était hérissée de difficultés ; bien que la nuit fût claire, il était cependant excessivement difficile de se guider au milieu de cette immense nappe de neige qui avait fait disparaître tous les chemins et les sentiers, sans laisser aucun point de repère au moyen duquel il fût possible de se guider.

Heureusement que tous les hommes qui composaient sa troupe et choisis avec soin par le Loup-Garou étaient des montagnards, des contrebandiers et des braconniers, trois espèces d'hommes qui, accoutumés à vivre constamment dans les bois et à parcourir, par tous les temps, les régions les plus ignorées, acquièrent une acuité de sens, faculté qui a beaucoup de rapport avec le flair et l'instinct infaillible du limier de race, et leur permet presque à coup sûr de franchir pour ainsi dire à vol d'oiseau, et sans suivre aucune route, les espaces immenses qu'il leur faut traverser pour atteindre un but marqué à l'avance.

Michel, reconnaissant l'impossibilité pour lui de guider sûrement sa petite troupe, ordonna une halte et tint une espèce de conseil de guerre en plein air pour aviser aux moyens de suppléer aux connaissances qui lui manquaient.

L'Amoureux et le Chacal s'offrirent sans hésiter pour servir de guides à leurs camarades, ajoutant que rien n'était plus facile que de rejoindre la compagnie de francs-tireurs d'Altenheim, en quelque lieu qu'elle se trouvât campée.

— Mais si cela est aussi facile que vous le prétendez, objecta Michel, comment se fait-il que le Loup-Garou ne nous ait pas rejoints ? Il sait se diriger, lui aussi.

— Certes, commandant, et mieux qu'aucun de nous, répondit l'Amoureux, aussi est-il évident pour nous que s'il n'est pas revenu encore, c'est que quelque raison que nous ignorons l'en a empêché, sans cela vous l'auriez revu, il y a longtemps déjà.

— Soit ; ainsi vous vous croyez en état de nous conduire où nous voulons aller ?

— Parfaitement, commandant ; ce qui vous semble si difficile n'est qu'un jeu pour nous, dont toute la vie se passe en plein air.

— Alors, je m'abandonne à vous, je sais que vous êtes de braves cœurs et que vous désirez, autant que je le désire moi-même, retrouver nos malheureux camarades.

— Mon commandant, vous pouvez avoir confiance en nous.

Sur cette assurance, le commandant s'inclina et les laissa libres d'agir à leur guise.

L'Amoureux et le Chacal examinèrent d'abord la position des étoiles, les troncs des arbres, et enfin la couleur de la glace; leurs observations faites, après avoir échangé quelques mots à voix basse, ils prirent la tête du détachement et se mirent en marche d'un pas rapide et en appuyant légèrement sur la droite.

— Il serait important, dit Michel qui marchait à côté de l'Amoureux, de retrouver d'abord le ruisseau que nous avons suivi assez longtemps et que nous avons été obligés de traverser plusieurs fois, mais il doit être maintenant caché sous la neige.

— C'est probable, commandant, répondit l'Amoureux, mais peu importe! dès que nous aurons retrouvé la clairière dans laquelle, si vous vous le rappelez, nous avons fait une courte halte pendant la plus grande fureur de la tempête, nous serons certains de retrouver le ruisseau, parce qu'il n'en est qu'à quelque cinquante pas tout au plus.

— C'est vrai, reprit Michel en hochant la tête; mais cette clairière, la retrouverons-nous? voilà la question.

— Pardieu! ce n'est pas malin, nous y serons bientôt, et tenez, entendez-vous la chouette? C'est le Chacal qui nous prévient; il y a du nouveau.

Ils pressèrent le pas, et bientôt ils atteignirent le Chacal.

Celui-ci était arrêté auprès d'un arbre, derrière le tronc immense duquel il semblait s'être embusqué.

— Qu'y a-t-il? demanda Michel.

— Il y a que nous avons atteint la clairière, dit joyeusement l'Amoureux; tenez, commandant, regardez là à travers les arbres.

— En effet, répondit Michel; mais pourquoi donc vous êtes-vous arrêté, Chacal?

— Chut! répondit celui-ci, parlez bas; j'entends des bruits que je ne puis encore m'expliquer, mieux vaut demeurer embusqués ici, que de nous avancer davantage, avant de savoir à qui nous pouvons avoir affaire.

— Hein? fit Michel qui avait écouté attentivement pendant quelques secondes, je n'entends rien, moi.

— C'est que vous n'avez pas l'habitude des bois, commandant, reprit le Chacal avec un sourire.

— Ces bruits sont presque indistincts, ils viennent de fort loin, ajouta l'Amoureux; remarquez, commandant, qu'il n'y a pas un souffle dans l'air, l'atmosphère est d'une pureté remarquable; vous savez, mieux que nous, que la neige est un corps élastique, qui possède la faculté de porter le son qui semble rebondir sur elle jusqu'à d'énormes distances; le bruit que nous entendons, vous l'entendrez bientôt, parce qu'il se rapproche assez rapidement, bien qu'il nous soit impossible, à cause de son éloignement, de savoir quelle cause le produit; cependant, nous pouvons affirmer, dès à présent, qu'il provient d'un motif essentiellement humain, la marche d'une troupe nombreuse, par exemple; que décidez-vous, commandant?

— Puisque vous paraissez si sûrs de votre fait, mes enfants, dit Michel d'un ton de bonne humeur, je dois m'incliner, nous resterons donc provisoirement embusqués ici; quant au Chacal, il poussera une pointe en avant et ira à la découverte.

— Compris, mon commandant, si vous entendez trois cris de chouette à intervalles égaux, vous pourrez continuer d'avancer; si vous n'en entendez qu'un, vous ne ferez pas mal d'ouvrir l'œil au bossoir, comme disent les marins.

— C'est convenu, Chacal; partez et bonne chance!

Le vieux soldat ne se fit pas répéter cet ordre, il se glissa comme un serpent à travers les branches; on vit pendant quelques instants glisser sa silhouette sur la neige, mais bientôt il disparut.

Cependant, le bruit augmentait rapidement. Il devint évident pour Michel qu'une troupe nombreuse était en marche et se dirigeait précisément vers la position qu'il occupait.

Le commandant ordonna la plus grande vigilance et il attendit avec anxiété le résultat de la reconnaissance du Chacal.

Tout à coup le bruit cessa de se faire entendre et un silence subit lui succéda.

Ce silence se prolongea pendant quelques minutes, puis le cri de la chouette plusieurs fois répété se fit entendre.

— Ce sont des amis ! s'écria l'Amoureux.

— Nos amis, voulez-vous dire, répondit Michel, qui s'avança résolûment au-devant des arrivants, qui avaient repris leur marche.

Presque aussitôt le Loup-Garou et Yvon Kerdrel parurent; ils marchaient au pas gymnastique et ils étaient suivis d'une troupe nombreuse dont la longue ligne noirâtre serpentait comme un immense serpent au milieu des arbres.

Sur un geste de Michel, la troupe tout entière fit halte dans la clairière même; les francs-tireurs d'Altenheim semblaient avoir peu souffert; non-seulement ils amenaient toutes les voitures qu'ils étaient chargés d'escorter, mais encore le nombre de ces voitures avait presque doublé, et de plus ils conduisaient au milieu d'eux quatre petites pièces de montagne avec leurs fourgons et leurs attelages.

A peine les premiers compliments eurent-ils été échangés que Michel, impatient de savoir ce qui s'était passé, se hâta d'interroger Ludwig; mais celui-ci, avec cette générosité, cette franchise et cette loyauté qui formaient le côté saillant de son caractère et le faisaient aimer de tous, se tourna vers le Loup-Garou et vers Yvon Kerdrel en leur disant d'un ton de bonne humeur :

— C'est à vous, messieurs, à faire votre rapport au commandant; sans vous, mes hommes, moi, et les pauvres diables que nous escortons, nous étions perdus.

— Que voulez-vous dire, mon cher Ludwig ? lui demanda Michel avec le plus vif intérêt.

— Je veux dire, mon commandant, reprit-il avec une généreuse émotion, que nous devons tous la vie et la liberté à vos deux amis; c'est une dette que nous acquitterons tôt ou tard.

— Mais enfin, que s'est-il passé ?

— Oh! une chose bien simple, mon commandant, dit le Loup-Garou avec un sourire, le commandant Ludwig exagère le peu que nous avons fait, il s'efface de parti pris pour nous laisser tout l'honneur du combat qui, en réalité, revient à lui seul.

— Ah ! pardieu, ceci est trop fort ! s'écria Ludwig, et je vous trouve charmant avec votre chose toute simple, mon cher Loup-Garou; tenez, commandant, ajouta-t-il en s'adressant à Michel, je préfère tout vous dire.

— Je crois en effet que cela vaudra mieux, mon cher Ludwig, répondit le jeune homme en souriant.

— Ce matin au point du jour, au moment où nous venions de quitter notre campement, nous avons été tout à coup assaillis par les Prussiens, que nous ne supposions pas aussi près de nous; cette attaque fut si subite et si rudement menée, que, je l'avoue, dans le premier moment je perdis complètement la tête; les femmes pleuraient, les enfants criaient, c'était un désordre à ne plus s'y reconnaître, je ne savais plus que faire; M. Yvon, me laissant me débrouiller tant bien que mal, se mit à la tête d'une soixantaine d'hommes résolus, après m'avoir recommandé de tenir tête quand même, fit un détour sur notre gauche, se jeta à travers bois et tourna l'ennemi qu'il attaqua aussitôt avec une rage extraordinaire; de mon côté, j'avais rétabli un peu d'ordre, et m'embusquant derrière les abatis du campement, je fis courageusement face aux Allemands, qui chargèrent quatre fois avec des hurlements de démons, mais sans réussir à nous débusquer; dame, vous comprenez, nous combattions pour nos femmes et nos enfants, cela nous mettait du cœur au ventre; c'est à ce moment-là que je vous expédiai M. Lucien et le sergent Petrus.

— J'avais été averti de l'approche des Allemands, et je vous avais expédié le Loup-Garou avec un fort détachement.

— Je m'en aperçus bientôt, mon commandant; mais à ce moment-là je l'ignorais.

— C'est juste; continuez.

— Sacrebleu! commandant, l'affaire était chaude; ces brigands de Prussiens se battaient comme des démons; sans cesse repoussés, ils revenaient toujours avec la même ardeur, semblant pour ainsi dire se multiplier autour de nous; plusieurs fois on se battit corps à corps, heureusement que notre position était solide et que nous avions tous fait le serment de nous faire tuer; il y avait surtout des pièces de montagne qui nous crachaient de la mitraille en veux-tu en voilà! La position n'était plus tenable.

— Hum! je comprends cela.

— Ce n'était pas la mitraille qui me gênait le plus, grâce aux arbres et aux abatis derrière lesquels nous étions retranchés, elle nous faisait plus de peur que de mal, s'éparpillant de tous les côtés, coupant les branches et ne nous atteignant que fort peu; mais les cris de ces démons, leurs figures farouches effrayaient les femmes et affolaient les enfants qui se jetaient à chaque instant dans nos jambes et nous empêchaient de nous battre comme nous l'aurions voulu; et puis, vous le dirai-je, mon commandant, la terreur et les sanglots de ces chères créatures pour l'existence desquelles nous tremblions, tout cela paralysait notre élan et nous affaiblissait le cœur; enfin les choses en vinrent à ce point que je prévoyais que la lutte ne pourrait pas être soutenue longtemps encore, lorsque tout à coup, au moment où je désespérais et où j'allais donner je ne sais plus quel ordre de poltron, il me sembla que les efforts de l'ennemi se ralentissaient et que le désordre se mettait dans ses rangs; je prêtai l'oreille avec anxiété: il me sembla entendre des décharges continues de chassepots de ma connaissance; les Prussiens étaient attaqués par derrière et sur les flancs. Je savais que M. Yvon les chargeait avec fureur sur notre gauche; mais ce qui me déroutait complétement, c'est que depuis quelques minutes déjà, j'entendais les chassepots chanter sur notre droite.

— C'était le Loup-Garou et sa troupe qui attaquaient.

— Juste, monsieur Michel, mais, moi je l'ignorais; aussi cette double attaque m'intriguait fort; cependant, je ne perdis pas la boussole; faut voir ça, me dis-je en moi-même; allons, garçons, m'écriai-je en brandissant mon sabre, *les Spitzenthürnel* mollissent, ils reculent, c'est le moment de les achever à la baïonnette! Les abatis furent franchis aux cris de vive la République! et toute ma troupe, moi en tête, se lança à la baïonnette sur les Prussiens; il y eut une mêlée terrible qui dura quatre ou cinq minutes; mais l'élan était donné, l'ennemi fut refoulé, puis mis en désordre; dix minutes plus tard, il était en déroute; ses bagages, ses voitures et jusqu'à ses pièces de campagne, il laissa tout en notre pouvoir; M. Yvon et le Loup-Garou s'acharnèrent après les fuyards et les poursuivirent pendant plus de deux lieues, sans qu'ils aient essayé de se rallier; vous voyez bien, mon commandant, que dans toute cette affaire, je n'ai joué qu'un rôle passif, et que le succès du combat est dû tout entier à M. Yvon et au Loup-Garou; il n'y a pas à dire non, le fait est là.

Michel sourit en échangeant un regard d'intelligence avec Yvon et le contrebandier, et pressant affectueusement la main du digne contre-maître :

— C'est évident, mon cher Ludwig, dit-il, c'est probablement cette longue poursuite qui vous a retardés aussi longtemps.

— Un peu cela et un peu l'ordre à rétablir parmi nous ; les voitures et les fourgons qu'il a fallu ramener, sans parler des morts à enterrer et des blessés qu'il a fallu panser tant bien que mal.

— Avez-vous perdu beaucoup de monde ?

— Trop, mon commandant ; nous avons eu onze tués et vingt-trois blessés ; heureusement que la plupart des blessures sont légères.

— En effet, ces pertes sont sérieuses, et l'ennemi a-t-il eu beaucoup d'hommes hors de combat ?

— Beaucoup, six fois plus que nous environ ; vous savez que nous ne faisons plus de prisonniers depuis que les Prussiens ont pris l'habitude de fusiller sans jugement ceux des nôtres dont ils réussissent à s'emparer. En somme, la journée est bonne pour nous ; les Prussiens ont reçu une leçon qui, je le crois, les rendra prudents à l'avenir, et par conséquent nous permettra de nous mettre avant peu hors de leur atteinte.

— Je le crois aussi, mon ami ; mais cependant, il est bon de ne pas s'endormir et d'être toujours sur ses gardes.

— Oh ! soyez tranquille, j'ouvrirai l'œil ; je les connais, les gredins, et je suis payé pour me méfier d'eux.

— Si vos hommes ne sont pas trop fatigués, nous continuerons notre marche, le froid est vif, et vous devez tous avoir besoin de nourriture.

— Nous n'avons rien pris depuis ce matin, commandant ; nous partirons quand vous voudrez.

— Alors en route, nous avons assez de chemin à faire encore avant que d'atteindre le plateau sur lequel nous sommes campés.

Les francs-tireurs reprirent leurs rangs et se remirent en marche et cela avec d'autant plus d'entrain, que le froid était plus piquant au fur et à mesure que la nuit avançait, et qu'ils avaient hâte d'atteindre le campement où il leur serait enfin possible de se réchauffer et de faire la soupe ; ils n'avaient rien mangé depuis la veille, les Prussiens les ayant attaqués précisément au moment où ils se préparaient à prendre le café.

Michel avait lancé au pas de course en avant de la colonne le Loup-Garou et une vingtaine de francs-tireurs les plus dispos, afin de prévenir Otto de Walkfield et les autres officiers demeurés au camp du succès de l'entreprise tentée par le commandant Michel à la recherche de leurs compagnons.

Les francs-tireurs n'avançaient que lentement, la quantité considérable de bagages de toutes sortes que la colonne menait avec elle au milieu de ces sentiers étroits, tortueux, couverts de neige, et qui couraient en s'élevant par une pente assez roide sur les flancs escarpés de la montagne, retardait considérablement leur marche ; de plus, les volontaires, qui avaient combattu toute la matinée à jeun et n'avaient fait que de courtes haltes, seulement pour reprendre haleine, au milieu de la neige qui n'avait cessé de tomber que vers le soir, étaient littéralement accablés de fatigue ; ils se tenaient à peine, et ce n'était qu'au prix des plus grands efforts et en s'appuyant sur leurs armes qu'ils parvenaient à mettre un pied devant l'autre, et à ne pas rouler le long des pentes jusqu'au fond des précipices.

Ils n'atteignirent le plateau que vers onze heures du soir ; mais là ils furent accueillis avec la plus cordiale hospitalité par leurs compagnons plus heureux ; d'immenses terrines de vin chaud avaient été préparées à l'avance afin de les réconforter et rappeler la chaleur dans leurs corps glacés par le froid ; de grands feux avaient été allumés dans toutes les maisons, des bottes de paille étendues à profusion dans toutes les chambres ; de sorte que moins d'une heure après leur arrivée au camp, les francs-tireurs d'Alteinheim avaient complétement oublié leurs souffrances passées et soupaient gaiement.

Les trois officiers supérieurs avaient eu entre eux une longue discussion à la suite de laquelle il avait été résolu que l'on diminuerait, autant que cela serait possible, le nombre des voitures et des bagages, que les pièces de campagne prises aux Allemands seraient lancées dans les précipices, après que leurs tourillons auraient été brisés afin de les mettre hors de service, et enfin que les volontaires demeureraient pendant un jour ou deux dans la position qu'ils occupaient, non-seulement pour se remettre entièrement de leurs fatigues, mais parce que, à cause de la gelée, les sentiers de la montagne étaient devenus complétement impraticables.

Cette dernière résolution n'avait rien de dangereux pour la sûreté des troupes ; les chemins étant fermés en arrière comme en avant et toute surprise impossible ; d'ailleurs les Prussiens avaient été mis en une telle déroute, qu'il n'était pas probable qu'ils fussent en mesure avant quelques jours de se remettre à la poursuite de la colonne ; pour plus de sûreté, Michel fit braquer dans la seule direction par laquelle l'ennemi aurait pu arriver, les pièces de campagne qui lui avaient été enlevées et qui ne devaient être mises qu'au dernier moment hors de service.

Toutes ces précautions prises, et des patrouilles envoyées dans diverses directions afin de surveiller les environs, les officiers s'occupèrent activement de passer une inspection sérieuse des bagages afin d'opérer la réduction projetée.

Aussitôt après déjeuner, c'est-à-dire vers dix heures du matin, la visite commença et tout ce qui fut jugé superflu ou inutile impitoyablement condamné et brisé séance tenante.

De voiture en voiture, la commission était arrivée près d'une carriole d'apparence assez confortable, près de laquelle, attachés au brancard par une longe, deux vigoureux mulets mangeaient à pleine bouche la provende placée à terre, devant eux, sur une couverture.

— Quelle est cette carriole ? demanda Michel à Ludwig ; elle ne fait pas partie de nos bagages.

— En effet, répondit celui-ci ; j'avais oublié hier de vous en parler ; c'est toute une histoire.

— Une histoire ?

— Oui ; figurez-vous, mon commandant, que cette carriole appartient à un juif de Colmar. Le pauvre diable, sans doute fatigué des vexations sans nombre que les Prussiens lui faisaient subir, avait résolu de s'enfuir coûte que coûte, et, ma foi ! il avait mis son projet à exécution ; mais il avait compté sans les *Pikelhaupt* ; ceux-ci l'ont découvert, se sont mis à sa poursuite, et finalement se sont emparés de lui ; après notre combat d'hier matin, en revenant au bivouac, M. Yvon nous a ramené le pauvre homme, étendu à demi mort dans la carriole.

Michel se tourna vers Yvon.

— Mon Dieu ! oui, dit le jeune officier, répondant à cette interrogation muette ; quand je suis arrivé près de cet homme, il était évanoui près de sa carriole renversée ; il paraît que les Prussiens l'avaient roué de coups ; sans mon arrivée imprévue, ils l'auraient tué. Il implora mon assistance avec de si touchantes prières, que, ma foi, je me laissai attendrir, d'autant plus que c'est, en somme, un de mes compatriotes ; je l'ai fait mettre dans sa carriole et je l'ai emmené avec moi.

— Hum ! fit Michel en fronçant le sourcil, quelle espèce d'homme est-ce ?

— Dame ! vous savez, c'est un juif dans la plus complète acception du mot, répondit le jeune homme en souriant.

— Où est-il ?

Partout où ils passaient, ils laissaient derrière eux une trace sanglante (page 14).

On souleva la capote de la voiture; il n'y avait personne.

— Il ne doit pas être loin, dit Ludwig; désirez-vous le voir, commandant?

— Oui; je ne sais pourquoi, mais ce juif, bien qu'il me soit inconnu encore, ne m'inspire qu'une confiance très-médiocre.

— Il a l'air honnête.

— Je ne dis pas non, mais je désire l'interroger.

— Cela est facile, je vais donner l'ordre qu'on le cherche et qu'il soit amené en notre présence.

— Faites, mon cher Ludwig; vous savez combien, dans les circonstances où nous sommes, nous devons agir avec prudence.

— Oui, oui, commandant, cela est juste. Où faudra-t-il conduire cet homme?

— Ici même, près de sa voiture, où nous resterons en l'attendant; seulement ni brusquerie ni mauvais traitements.

— Soyez tranquille, commandant; vous entendez, ajouta-t-il en se tournant vers les francs-tireurs, que deux ou trois d'entre vous se mettent à la recherche du juif et l'amènent ici.

Deux hommes quittèrent aussitôt le détachement et s'éloignèrent rapidement afin d'exécuter l'ordre du commandant Ludwig.

L'attente de Michel ne fut pas longue; au bout de dix minutes tout au plus, il aperçut les deux volontaires qui revenaient, conduisant au milieu d'eux l'homme qu'on les avait chargés de chercher dans le campement et avec lequel ils semblaient causer de la façon la plus amicale.

Le jeune officier, tout en regardant cet homme s'approcher de lui de l'air le plus tranquille, l'examina avec la plus sérieuse attention.

Ce personnage, qui l'intriguait si fort, était de haute taille, un peu maigre, auquel sans doute l'habitude du bureau ou du comptoir avait fait perdre quelque chose de sa stature ; ses traits fins et réguliers, son front large, ses yeux noirs et vifs, ses cheveux tombant presque sur ses épaules et mêlés de nombreux fils argentés, son nez aquilin, sa bouche un peu grande, garnie de dents magnifiques, lui auraient constitué une physionomie nettement belle, si ses lèvres rouges et charnues n'avaient été constamment contractées par un de ces sourires équivoques qu'il était aussi facile d'attribuer à l'ironie qu'à la bonne humeur, et si ses yeux au regard chercheur et inquiet n'avaient pas été presque continuellement cachés sous un pince-nez, à verres ronds et à branche d'écaille se serrant sur les tempes.

Du reste, il était correctement rasé, portait les favoris en côtelettes encadrant le visage, et ses vêtements en drap fin, coupés avec goût, et qu'il portait avec une élégante aisance, témoignaient d'une certaine position de fortune qui le désignait comme appartenant à l'aristocratie financière de l'Alsace ; une rosette de couleurs multiples s'épanouissait à sa boutonnière.

En somme, cet homme, quel qu'il fût d'ailleurs, n'était pas et ne pouvait pas être le premier venu.

Tel fut le résultat des observations faites un peu à la hâte par le commandant Michel ; ces observations n'avaient rien de désagréable pour celui qui en était l'objet, pourtant l'impression qu'il produisit sur Michel fut mauvaise ; instinctivement et sans qu'il lui fût possible de s'en rendre compte, il éprouva pour cet homme une invincible antipathie, il eut froid au cœur, en un mot il éprouva à sa vue un sentiment de dégoût insurmontable, quelque chose d'inexplicable comme la sensation que l'on ressent à l'approche d'un serpent.

Lorsque l'inconnu ne fut plus qu'à deux ou trois pas des officiers, il s'arrêta, salua gracieusement et s'inclinant avec la plus exquise politesse :

— Messieurs, dit-il d'une voix douce et conciliante, vous êtes, si je ne me trompe, les chefs des braves francs-tireurs auxquels je dois la vie ?

— Oui, monsieur, répondit Ludwig ; monsieur, ajouta-t-il en désignant Michel, est notre commandant en chef.

L'inconnu salua Michel.

— Je suis heureux, reprit-il, d'avoir été conduit en votre présence, je m'étais éloigné de ma voiture dans l'espoir de vous voir à votre quartier général ; j'avais hâte, messieurs, de vous exprimer tout ce que mon cœur éprouve de reconnaissance pour l'immense service que vous m'avez si généreusement rendu.

— La vie a-t-elle donc un si grand prix à vos yeux, monsieur ? dit Michel avec une légère teinte d'ironie.

— Oh ! monsieur, répondit-il avec ce sourire ambigu qui lui était familier, la vie précisément peut-être pas ; mais j'avais quelque chose de plus précieux encore à défendre et à conserver.

— Quelque chose de plus précieux que la vie ? Quoi donc ? L'honneur peut-être, fit curieusement Michel.

— Non, monsieur, ma fortune, reprit-il en s'inclinant, tout en essuyant avec le plus grand soin et d'un air satisfait les verres de son pince-nez.

— C'est juste, fit sèchement Michel en haussant imperceptiblement les épaules, la fortune est beaucoup pour certaines gens.

— La fortune est tout, monsieur, car elle procure tout ce qu'on peut désirer, honneurs, considération, jouissances de toutes sortes...

— Soit, monsieur, interrompit Michel d'une voix brève, je vous le concède, mais si vous me le permettez, nous sortirons de ces... généralités pour nous occuper de choses plus sérieuses.

— Rien n'est plus sérieux que l'argent, dit nettement l'inconnu.

— Si ce n'est l'or, fit en riant Otto.

— Vous avez raison, monsieur, répondit-il en s'inclinant avec déférence.

— Pardieu! dit Otto en se penchant à l'oreille de Michel, ce gaillard-là est plus juif à lui seul que toute la tribu d'Éphraïm; je vous le garantis comme le plus grand usurier qui soit en Israël.

— Peut-être! répondit Michel sur le même ton en hochant la tête, et il ajouta, en s'adressant à l'inconnu avec une certaine brusquerie : Venons au fait, s'il vous plaît, monsieur, et ne perdons pas un temps précieux en paroles oiseuses; nous ne sommes pas ici pour faire de l'esprit.

— Permettez-moi de vous faire observer, monsieur, répondit-il en s'inclinant avec une exquise politesse, que ce n'est pas moi qui, le premier, ai placé la conversation sur le terrain où elle se trouve ; je n'ai fait que répondre aux questions qui m'ont été adressées, je n'avais d'autre but, en me rendant près de vous, que de vous remercier du service que vous m'avez rendu si à propos; c'est pour accomplir cette démarche, que je considère comme un devoir, que j'ai quitté ma voiture et que, ainsi que j'ai eu l'honneur de vous le dire, je me suis mis à votre recherche; maintenant, monsieur, me voici prêt à répondre, comme doit le faire un galant homme, à toutes les questions qu'il vous plaira de m'adresser.

— Très-bien, monsieur; vous êtes, dites-vous, notre compatriote?

— Voulez-vous me permettre, monsieur, afin de vous éviter un interrogatoire souvent aussi pénible pour celui qui y procède que pour celui qui le subit, de me faire, en quelques mots, connaître à vous? N'ayant rien à cacher, je parlerai avec la plus entière franchise. Si par hasard quelques parties de mon récit vous semblaient obscures, je me hâterai de vous fournir toutes les explications nécessaires ; d'ailleurs, je vous donnerai toutes les preuves à l'appui de mon dire, et comme mon récit sera court, ajouta-t-il avec ce sourire énigmatique qui lui était familier, je n'abuserai point longtemps de vos précieux moments.

— Soit, monsieur ; veuillez donc parler, nous vous écoutons.

— Messieurs, reprit alors l'inconnu en s'inclinant avec courtoisie devant ses trois interlocuteurs, je me nomme Jacob ben Israël Dessau. Au moyen âge, la famille dont je descends, après une foule de péripéties trop longues à vous raconter ici, et dont vous comprendrez les douleurs, trouva enfin un asile à peu près sûr à Dessau, ville de la confédération germanique, dont, suivant la coutume adoptée alors par nos coreligionnaires, afin d'éviter toute confusion dans les prénoms, très-peu nombreux, vous le savez, chez les Israélites, elle prit le nom qui depuis lui est toujours resté, coutume qui explique pourquoi un si grand nombre de Juifs portent aujourd'hui des noms de villes, de villages, de montagnes et même de fleuves.

— Ainsi, vous êtes Allemand, monsieur?

— Pardonnez-moi, monsieur, je suis Français, et bon Français encore, je vous le certifie...

— Cependant la déclaration que vous venez de faire.

— Ne prouve nullement que je sois Allemand, monsieur; permettez-moi de m'expliquer et vous en aurez bientôt la preuve.

— Parlez donc, monsieur, s'il en est ainsi.

— Vers 1740 ou 45, je ne suis pas bien certain de la date, ma famille abandonna l'Allemagne et vint se fixer en France, qu'elle n'a plus quittée depuis.

— Quelle partie de la France, monsieur?

— La ville de Colmar, monsieur.

M. Dessau fit alors au commandant un très-long récit de son passé, de son présent, avec preuves à l'appui, il aurait même dit son avenir pour peu qu'on l'en eût prié, tellement il était loquace et plein de son sujet. Et cependant la répulsion instinctive que cet homme avait inspirée à Michel semblait s'accroître au lieu de diminuer, et bien que matériellement tout lui prouvât qu'il avait tort, ses soupçons grandissaient malgré lui pour ainsi dire, et une voix secrète au fond de son cœur lui répétait : Cet homme te trompe, c'est un traître ! et il était furieux contre lui-même de cette persistance à accuser un individu dont l'innocence était si clairement prouvée.

— Que pensez-vous de cette affaire, cher ami ? lui demanda Otto.

— Je ne sais comment vous répondre, répondit-il ; ces pièces sont officielles, elles n'ont été ni surchargées ni contrefaites, et pourtant...

— Et pourtant ? reprit Otto.

— Cet homme ne m'inspire aucune confiance.

— Diable ! vous êtes difficile, mon ami, les preuves ne manquent pas pourtant.

— C'est précisément cette masse de preuves, si adroitement réunies, qui augmente mes soupçons ; un homme traqué, soupçonné et surveillé comme celui-ci prétend l'avoir été, ne songe pas à prendre de si grandes précautions lorsqu'il veut fuir pour sauver sa vie. Remarquez que, parmi ces pièces, il y en a qui ont dû être copiées, il y a quelques jours seulement, sur les registres de la mairie de Colmar, et cela presque sous les yeux des autorités allemandes ; supposez-vous que cela ait été possible ?

— Je ne pousse pas la méfiance aussi loin que vous, mon ami ; voici les pièces, elles sont bonnes ; je ne vois pas au delà : la vérité est une.

— Ceci est une erreur, mon ami ; une chose peut paraître vraie jusqu'à l'évidence, sans cependant l'être.

— Alors vous concluez de là, mon cher Michel, que ce M. Dessau est un espion ?

— Nullement, mon ami, je ne vais pas aussi loin, Dieu m'en garde ! Seulement, je vous avoue que je n'ai qu'une confiance très-médiocre en lui ; en un mot, qu'il m'est suspect, et que, jusqu'à preuve du contraire, je ne changerai pas d'avis à son égard, quoi qu'il arrive.

— Il nous faut cependant sortir de là, mon ami ; que comptez-vous faire ?

— Je l'ignore absolument, je n'ai pas de parti pris ; je crois que, provisoirement, et jusqu'à ce que nous le connaissions mieux, nous ferons bien, sans pourtant le lui laisser voir, de surveiller attentivement cet énigmatique personnage. Qui sait quelle surprise l'avenir nous réserve sur son compte ?

— Pardieu ! mon ami, fit en riant Otto, vous êtes, sur ma parole, d'une incrédulité à désespérer saint Thomas lui-même.

— Vous vous trompez, mon ami, ce n'est ni incrédulité, ni entêtement : c'est prudence, voilà tout.

— Eh bien ! cher commandant, puisque prudence il y a, elle vous ordonne de faire arrêter le sieur Dussau et d'agir en conséquence.

— Je n'en ferai rien quant à présent, mon ami, parce que, quelle que soit ma conviction, comme je manque absolument de preuves matérielles, cette conviction, il m'a été impossible de la faire partager par vous ; que, resté seul, mon obstination avait tout l'air d'un parti pris, et ma position devenait ridicule, vous-même l'avez reconnu il n'y a qu'un instant ; j'ai donc dû revenir sur mes pas et me débarrasser de l'odieux que l'on voulait faire peser sur moi ; me comprenez-vous maintenant ?

— Parfaitement.

— Mais je ne me tiens pas pour battu, soyez-en sûr, je ne m'endormirai pas, et si fin que soit cet homme, je vous promets de le percer à jour avant qu'il soit peu.

— Je le désire, mais si les choses sont ainsi que vous le supposez, vous avez affaire à un gaillard passé maître en fourberie, et qui ne se laissera pas facilement prendre en défaut.

— C'est ce que nous verrons ; je vais me reposer un instant ; à ce soir.

— A ce soir.

Les deux hommes se séparèrent et rentrèrent dans les logements particuliers qu'ils s'étaient réservés.

Michel n'avait nullement l'intention de se reposer ; il avait donné ce prétexte à son ami afin de demeurer seul ; il avait conçu un projet qu'il devait mettre à exécution.

En pénétrant dans sa chambre, Michel ne put retenir un mouvement de joie, en apercevant le Loup-Garouas sis sur une chaise devant la cheminée et en train de se chauffer consciencieusement les jambes à un feu ardent.

— C'est vous que je cherchais, Loup-Garou, dit-il en approchant une chaise et s'installant à l'autre coin de la cheminée.

— Je me doutais que vous aviez besoin de moi, monsieur Michel ; voilà pourquoi vous me trouvez ici, répondit le contrebandier.

— Qui vous l'a fait supposer ?

— A moi, rien, monsieur Michel ; une idée qui m'est venue comme ça, je ne sais pourquoi.

— Ah ! fit-il en allumant un cigare, y a-t-il quelque chose de nouveau ?

— Rien de rien ; calme complet sur toute la ligne.

— Vous n'avez rien entendu de suspect aux environs ?

— Rien absolument, et cependant nous avons poussé notre reconnaissance à plus de deux lieues, presque en vue de Colmar.

— Est-ce que vous connaissez Colmar, vous, Loup-Garou ?

— Qui est-ce qui ne connait pas Colmar ? une superbe ville.

— Ce n'est pas cela que je vous demande.

— Ah ! je comprends ; vous voulez savoir si j'y ai des amis, n'est-ce pas, monsieur Michel ?

— C'est précisément cela, mon ami.

— Je connais Colmar peut-être mieux encore que Strasbourg ; j'y ai fait de bonnes affaires dans le temps ; est-ce que vous auriez l'intention de vous introduire incognito dans Colmar, par hasard, monsieur Michel ? ce serait hasardeux dans ce moment-ci.

— Non, pas quant à présent ; est-ce que vous connaissez à Colmar un banquier du nom de Dessau ?

— Ah ! fit le Loup-Garou en se retournant et en regardant fixement Michel, est-ce que nous aurions tous deux la même idée ?

— Quelle idée ?

— Allez toujours ; oui, monsieur Michel, je connais la maison Dessau ; c'est une des principales maisons de banque de la ville.

— Ah ! fit Michel désappointé.

— Attendez, reprit-il vivement, je connais la maison, mais de réputation seulement ; jamais je n'ai fait d'affaires avec elle, et je n'ai jamais vu M. Dessau ; c'est avant-hier que je l'ai aperçu pour la première fois.

— Où cela ?

— Quand nous l'avons tiré des mains des Prussiens.

— Ah ! bon, je comprends ; que pensez-vous de ce personnage ?

— Hum ! Voilà une question à laquelle il est assez difficile de répondre, monsieur Michel.

— Parlez franchement, Loup-Garou ; vous savez que vous pouvez tout dire, et que je puis tout entendre.

— Eh bien ! puisque c'est comme cela, monsieur Michel, je vous dirai nettement qu'en ma qualité de contrebandier, je me connais en contrebande, et que ce particulier, qui se donne le nom de Dessau, ne s'appelle pas plus Dessau que vous et moi ; voilà, c'est un finaud que je soupçonne fort de s'être faufilé parmi nous pour nous tirer les vers du nez ; je m'en suis méfié du premier coup ; d'abord je n'aime pas les gens qui portent des lunettes, cela m'a toujours l'air d'être une frime, surtout quand ils les relèvent afin de mieux voir.

— Les mêmes soupçons se sont élevés dans mon esprit sur cet homme, mon ami ; malheureusement ses papiers sont parfaitement en règle ; nul ne le connaît ici, et comme il m'était impossible de justifier mes soupçons n'importe comment, j'ai été contraint de les renfermer au dedans de moi.

— Il y aurait peut-être un moyen de savoir à quoi s'en tenir définitivement sur cet homme.

— Lequel ?

— Ce serait d'aller s'informer à Colmar.

— Hum ! le moyen est dangereux.

— C'est vrai, mais l'affaire en vaut la peine, il me semble.

— Je le sais bien, mais risquer de se faire fusiller.

— Bah ! on ne meurt qu'une fois ; si vous voulez, j'irai, moi, monsieur Michel.

— Vous, Loup-Garou ?

— Oui, moi, et cela pas plus tard que tout de suite ; je suis bien connu à Colmar, personne ne se méfiera de moi ; et puis je prendrai garde ; vous serez sûr ainsi que les renseignements que je vous donnerai seront exacts.

— C'est vrai ; mais c'est jouer bien gros jeu, et cela peut-être pour rien.

— Bon, les Prussiens ne sont pas plus malins à Colmar qu'ils le sont à Strasbourg ; ils n'y verront que du feu ; et puis qui ne risque rien n'a rien ; je ne sais pas pourquoi j'ai dans l'idée que j'apprendrai des choses curieuses et édifiantes là-bas ; laissez-m'y aller, monsieur Michel, je vous en prie.

— Cela demande réflexion, Loup-Garou, mon ami ; je ne me soucie pas de vous perdre, moi, je tiens trop à vous pour cela.

— Vous êtes bien bon, monsieur Michel, vous êtes payé de retour, allez, car je me mettrais au feu pour vous ; mais il ne s'agit pas de cela ; laissez-moi aller à Colmar, je vous promets que je serai prudent et qu'il ne m'arrivera rien, vous verrez que ce voyage nous sera profitable.

— Je le sais bien, mais...

— Voyons, pas de mais, monsieur Michel, c'est convenu, hein ? fit-il en se levant ; je pars tout de suite, afin d'être plus tôt de retour ; demain dans la journée ou demain soir au plus tard vous me reverrez.

— Allez donc, puisque vous le voulez absolument, mais souvenez-vous que pendant votre absence je serai en proie à la plus vive inquiétude.

— Bon, puisque je vous promets qu'il ne m'arrivera rien, fit-il en riant.

— Hum, reprit Michel en secouant la tête, je crains le contraire ; enfin, puisqu'il le faut, surtout que tout le monde ignore votre absence, ne dites rien à âme qui vive de ce que vous allez faire, le secret est, vous le savez, la moitié de la réussite.

— Je pars en me promenant les mains dans mes poches et sans voir personne ; à demain, monsieur Michel.

Et après avoir salué le commandant, le contrebandier quitta la chambre, dont il ferma la porte derrière lui ; cinq minutes plus tard, il était hors du village et descendait les pentes glacées de la montagne.

Michel demeura seul et absorbé dans ses pensées jusqu'à l'heure du dîner.

Lorsque son ordonnance lui annonça que le repas était servi, il se rendit dans la salle à manger, où les dames et les officiers étaient déjà réunis ; on n'attendait plus que lui pour se mettre à table.

M. Dessau était là, lui aussi ; Michel présenta le banquier aux personnes présentes, et il le fit asseoir en face de lui, entre Ludwig et Otto de Walkfield.

Contrairement à ce qu'on serait en droit de supposer, le repas fut très-gai.

L'insouciance est une des vertus cardinales du soldat.

L'habitude du danger fait qu'il est complétement familiarisé avec lui et n'y songe jamais que pour lutter corps à corps contre lui ; vivant au jour le jour, il saisit avec empressement toutes les occasions de plaisir offertes par le hasard; qui sait ce que demain réserve?

M. Dessau se montra homme du monde dans toute l'acception du mot; ses manières affables, ses reparties fines, sans acrimonie, sa bonhomie et surtout son inaltérable bonne humeur lui eurent bientôt conquis la bienveillance générale; les dames surtout furent presque aussitôt sous le charme; à la fin du repas, le banquier n'était plus un étranger pour personne, tout le monde le considérait presque comme un ami; seul Michel, bien qu'il n'en laissât rien paraître, et fût au contraire d'une exquise courtoisie et d'une humeur charmante, conservait une arrière-pensée au fond du cœur.

Les dames se retirèrent de bonne heure dans l'appartement qu'elles occupaient en commun, et laissèrent les hommes libres de fumer et de causer tout à leur aise.

La conversation devint alors générale et très-gaie, sans sortir des limites des plus strictes convenances.

La question du séjour probable des partisans dans le village fut posée à Michel, celui-ci répondit qu'il avait l'intention de demeurer au moins deux jours encore dans cette position, qui, non-seulement offrait toutes les conditions de sûreté désirables, mais encore permettait aux volontaires de se remettre complètement de leurs fatigues, de reprendre toutes leurs forces et les mettre ainsi en état de faire vigoureusement leur devoir si les circonstances l'exigeaient. Chacun, naturellement, applaudit à cette résolution qui ne pouvait que produire un excellent effet sur le moral des troupes qui, depuis le commencement de la retraite, avaient, sans se plaindre et avec une abnégation et un dévouement inouïs, supporté de si rudes fatigues et livré un combat presque chaque jour.

— Seulement, ajouta Michel en terminant, mais en appuyant assez sérieusement sur ces dernières paroles, je prie messieurs les officiers de bien rappeler à leurs hommes que nul ne peut quitter le camp, ne serait-ce que pour une promenade; des ordres sévères ont été donnés à ce sujet, et quiconque les enfreindrait s'exposerait à être tué roide, les sentinelles ayant reçu l'ordre de faire feu sur celui, homme, femme ou enfant, qui essayerait de violer cette consigne; il ne faut pas que nous soyons de nouveau exposés à une trahison semblable à celle dont nous avons déjà failli être victimes.

Après cet avertissement, la conversation prit un autre tour, et elle se prolongea assez avant dans la nuit.

M. Dessau avait obtenu la permission de faire avancer sa voiture jusqu'à la place du village, où il la remisa sous un hangar, de sorte qu'il n'eut que quelques pas à faire pour se retirer chez lui, c'est-à-dire dans sa voiture.

III

DANS LEQUEL SE PRÉPARENT DE GRANDS ÉVÉNEMENTS.

La journée du lendemain ne fut pas perdue pour les francs-tireurs; ils l'employèrent en réparations de toutes sortes à leurs armes et à leurs vêtements; les braves gens comprenaient que cette étape était la dernière station qu'ils faisaient dans leurs chères montagnes; tristes, mais résolus, ils se préparaient avec ardeur à les quitter.

Michel avait été à l'unanimité élu chef suprême de tous les francs-tireurs; les deux autres commandants avaient exigé qu'il en fût ainsi, afin de donner plus d'unité au commandement dans les circonstances critiques où se trouvaient les partisans.

Le jeune officier accomplissait la rude tâche que, dans l'intérêt général, il avait acceptée, avec un dévouement au-dessus de tout éloge, surveillant tout avec une attention scrupuleuse et ne dédaignant pas d'entrer dans les plus minutieux détails pour augmenter autant que possible le bien-être de ses volontaires et ne pas leur imposer inutilement des fatigues au-dessus de leurs forces.

Les blessés seuls inquiétaient le commandant, bien que ces pauvres gens fussent entourés de soins et pansés avec une sollicitude réellement admirable par les quatre jeunes étudiants en médecine qui s'étaient enrôlés parmi eux. Lucien Hartmann et ses compagnons ne purent éviter que quelques-uns des blessés les plus grièvement atteints ne succombassent à leurs blessures, à cause des marches forcées nécessitées par une retraite en plein hiver, au milieu des ouragans de pluie et de neige, exposés à toutes les intempéries des saisons, dans des charrettes à peine recouvertes de bâches en toile goudronnée, sans qu'il fût possible d'apporter la plus légère modification à ce déplorable état de choses.

Il fut un instant question dans le conseil d'abandonner les blessés dans le village, en faisant prévenir les autorités prussiennes et les confiant ainsi à leur humanité; mais la barbarie, ou pour mieux dire la cruauté froide et systématique des Allemands envers les blessés français, cruauté dont ils ont donné tant de preuves horribles et dont leur honneur ne se lavera jamais, était tellement de notoriété publique, que lorsque Michel soumit cette proposition aux blessés, ceux-ci déclarèrent énergiquement que, dussent-ils succomber tous pendant le pénible trajet qu'il leur restait encore à faire avant que d'être définitivement délivrés de la poursuite de l'ennemi, ils préféraient suivre la retraite de leurs compagnons plutôt que d'être livrés aux soins d'hommes qui se réjouiraient de leurs souffrances, et essayeraient plutôt de les augmenter encore que de chercher à les calmer.

Devant cette protestation, toute hésitation devait cesser; il fut donc résolu, à la grande satisfaction des blessés, que ceux-ci suivraient la retraite, ainsi qu'ils l'avaient fait jusque-là, et qu'on aviserait, par tous les moyens, à ce que leur transport s'effectuât dans des conditions supportables.

Grâce à l'activité dévorante de Michel, en quelques heures à peine le camp fut aussi solidement établi que s'il devait durer plusieurs mois, tout fut organisé et le service se fit avec une remarquable régularité; plusieurs postes avaient été établis pour servir de grand'gardes et éviter toute surprise; de plus, de forts abatis d'arbres formaient à l'entrée de chaque rue du village des barricades assez solides pour résister à un coup de main.

Tout avait été disposé avec tant de prudence, que, du dehors, il était complétement impossible de s'apercevoir, à moins de pénétrer dans le village, que plusieurs centaines d'hommes avaient établi leur bivac dans cet endroit.

Les vivres abondaient, de sorte que les volontaires, bien chauffés, bien nourris, et couchés à l'abri sur de la paille fraîche, se trouvaient fort heureux de leur position et réparaient promptement leurs forces, tout en se tenant prêts à supporter avec une indomptable énergie de nouvelles fatigues et de nouveaux dangers.

Pendant toute la matinée, Michel avait été en proie à une inquiétude vague, le Loup-Garou n'était pas de retour; le jeune homme ne se rendait pas bien compte de la distance qui le séparait de Colmar ni de l'état des chemins qui y conduisaient; aussi son impatience était-elle vive; plus le temps s'écoulait, plus cette impatience augmentait et plus l'inquiétude du commandant devenait grande.

Plusieurs fois, pendant la journée, brûlé par la fièvre de l'attente, le jeune officier s'était hasardé assez loin sur les pentes de la montagne, dans les directions par lesquelles

Les éclaireurs étaient partis dans toutes les directions (page 8).

il supposait que le contrebandier devait revenir, mais toujours sans résultat; aussi loin que sa vue pouvait s'étendre, aucun point noir ne se détachait sur la neige, la solitude continuait à être morne, silencieuse et complète; alors il rentrait au village, les sourcils froncés, le front pensif, la physionomie soucieuse, redoutant qu'il ne fût arrivé malheur à son émissaire, et se reprochant de lui avoir permis de tenter cette audacieuse entreprise.

La journée s'écoula anxieuse; la soirée parut longue d'un siècle. Vers minuit, brisé de fatigue, fiévreux, anéanti par les énervements de l'attente, le commandant Michel finit par s'assoupir, étendu tout habillé sur son lit de camp.

Dormit-il longtemps?

Il n'aurait su le dire.

Lorsqu'il s'éveilla, la lumière était éteinte; un manteau avait été jeté sur lui pour le garantir du froid; la chambre était sombre.

Du feu restait dans l'âtre. Parfois ce feu semblait se ranimer pendant quelques secondes et lançait une flamme qui illuminait la chambre avec la rapidité du zigzag d'un éclair rayant les nuages pour la replonger presque aussitôt dans une obscurité plus profonde.

A la lueur d'une de ces flammes fugitives, le jeune officier crut apercevoir la silhouette noire d'un homme assis auprès de la cheminée.

— Qui est là? demanda-t-il en se dressant sur son séant et avançant la main sur ses pistolets posés sur une table à portée de sa main.

— Eh! commandant, prenez garde! ne jouez pas avec vos revolvers, répondit une voix railleuse; vous savez, dans l'obscurité, un malheur est bien vite arrivé!

— Ah! ah! c'est vous, Loup-Garou, reprit-il gaiement, car il avait aussitôt reconnu la voix du contrebandier.

Il sauta vivement à bas du lit et se rapprocha de la cheminée.

— Est-ce qu'il y a longtemps que vous êtes ici?

— Deux heures environ, commandant; vous dormiez si profondément quand je suis rentré que vous ne m'avez pas entendu, et ma foi je n'ai pas voulu vous réveiller, c'est si bon le sommeil ! Mais attendez que j'allume la bougie, il fait noir ici comme dans un four.

Tout en parlant ainsi, le Loup-Garou prit dans l'âtre un tison à demi consumé, qui faute d'aliment achevait de s'éteindre ; il souffla vigoureusement jusqu'à ce qu'une légère flamme se fût produite, et alluma la bougie qu'il posa sur une table.

— Là, dit-il, voilà qui est fait ; maintenant, avec votre permission, commandant, ajouta-t-il en jetant une ou deux bourrées dans l'âtre, avec votre permission, je vais ranimer un peu le feu, il fait froid en diable, et je suis trempé comme un canard.

— En effet, mon pauvre garçon ; mais comment se fait-il que depuis deux heures que vous êtes ici vous ne soyez pas séché ?

— Parce que, mon commandant, il m'aurait fallu pour cela rallumer du feu et que, je vous l'ai dit, je ne voulais pas vous réveiller.

— Et vous êtes ainsi resté grelottant ?

— Ma foi oui, mais que cela ne vous inquiète pas, j'en ai vu bien d'autres, allez, sans compter ce que probablement je verrai encore.

Michel s'assit près de la cheminée, dans laquelle flambait et pétillait déjà un feu à rôtir un bœuf, il alluma un cigare et regarda l'heure à sa montre.

— Comment ! s'écria-t-il, déjà cinq heures du matin !

— Tout autant, mon commandant ; il en était trois tout juste lorsque je suis arrivé, le compte y est.

— Maintenant, causons ; vous devez avoir bien des choses à me dire ?

— Mais oui, commandant, pas mal.

— Et d'abord, pourquoi êtes-vous demeuré si longtemps absent ? Je mourais d'inquiétude. Est-ce qu'il vous est arrivé quelque chose de fâcheux ?

— Vous êtes bien bon, mon commandant ; il ne m'est rien arrivé du tout ; seulement, du moment que j'étais en route, j'ai voulu en profiter pour me renseigner de toutes les façons ; est-ce que j'ai eu tort ?

— Non pas, mon ami, au contraire, voyons un peu quel a été le résultat de vos démarches.

— A votre aise, commandant, je suis pour vous obéir.

— Attendez ; il est près de six heures, vous avez marché une partie de la nuit.

— Et par de drôles de chemins, mon commandant ; n'est-ce pas, mon petit vieux ? fit-il en caressant Tom qui était couché entre ses jambes et se rôtissait consciencieusement.

Le chien leva la tête et remua la queue.

— Vous voyez, commandant, je ne lui fais pas dire à c't animal.

Michel sourit et caressa le chien, puis il frappa du poing sur la table en appelant.

— Parisien !

La porte s'ouvrit aussitôt et le zouave parut.

— Présent, commandant, dit-il.

— Le Loup-Garou et moi nous nous sentons appétit ; est-ce que tu n'aurais pas quelque chose à nous donner ?

— Ce ne serait pas à faire, commandant, reprit le zouave ; la popote est confectionnée et les camarades la mangent ; je puis vous donner la soupe et le bœuf, du pain ou du biscuit au choix, du vin et du café ; cela vous va-t-il ?

— Parfaitement ; apporte tout, et n'oublie pas ta ration, tu nous tiendras compagnie.

— Vous me confusionnez, mon commandant, j'accepte avec joie.

Et il disparut après avoir fait le salut militaire.

Mais son absence ne fut pas de longue durée ; il reparut presque aussitôt, chargé de tout ce qu'il avait annoncé.

— Voilà les comestibles, dit-il en disposant avec symétrie les plats sur la table; quant aux liquides, ils sont ici, dans le bas de l'armoire; lorsque nous y serons, j'irai chercher le café que j'ai laissé mijoter afin qu'il soit bien chaud; le café froid c'est un vrai poison pour le soldat, qui a toujours besoin de se réchauffer le fusil.

— Allons, à table, bavard.

Les trois hommes s'assirent alors autour de la table et attaquèrent vigoureusement ces mets simples qui auraient fait faire une affreuse grimace à un gourmet.

— Vous avez eu là une crâne idée, mon commandant, dit le Loup-Garou; Tom et moi nous sommes à jeun depuis hier matin.

Lorsque le premier appétit des convives fut à peu près calmé et qu'ils furent arrivés au fromage, le commandant reprit la parole.

— Maintenant, Loup-Garou, mon ami, dit-il, je crois que le moment est venu de nous conter votre odyssée.

— De vous conter ma quoi, mon commandant? répondit le Loup-Garou la bouche pleine.

— La langue m'a fourché, reprit le commandant, j'ai voulu dire votre voyage.

— Ah! bon, comme cela je comprends; faut-il commencer par le commencement, mon commandant?

— Pardieu, je le crois bien, je veux tout savoir.

— Pour lors...

— Attends un laps, Loup-Garou, interrompit le Parisien, je vas chercher le café, y a rien de mieux que ça pour accompagner une histoire intéressante, pas vrai, commandant?

— Allons, dépêche-toi, bavard, fit celui-ci en riant.

Le Parisien ne se le fit pas répéter, cinq minutes plus tard, le café et le cognac étaient sur la table et les convives le buvaient à petits coups ou plutôt le *sirotaient*, selon l'expression consacrée au bivac, la pipe ou le cigare aux lèvres.

— Là! voilà qui est fait, dit le Parisien en s'asseyant, tu peux y aller quand tu voudras, avec la permission du commandant.

— Pour lors, ainsi que j'avais l'honneur de vous le dire, mon commandant, reprit le Loup-Garou, après avoir demandé d'un coup d'œil au jeune officier l'autorisation de commencer son récit, lorsque je vous ai quitté il était déjà tard, la nuit n'allait pas tarder à tomber; je me dépêchai de prendre le plus court chemin pour descendre en plaine, afin de ne pas être surpris dans la montagne par l'obscurité, malgré qu'il y ait de la lune; je commençai par cacher soigneusement mon fusil et tous mes bibelots de soldat dans un endroit où j'étais certain de les retrouver sans qu'ils soient endommagés; je me coupai un gourdin solide pour me servir, soit de canne, soit d'arme, selon les circonstances, puis cela fait, je me mis à dégringoler les rampes de la montagne; ce fut l'affaire de trois bons quarts d'heure avant d'atteindre la vallée; de la façon dont je m'étais dirigé, je n'avais plus que deux lieues à peine pour atteindre Colmar; malheureusement le jour baissait, il fallait se hâter pour arriver avant la fermeture des portes; mais à pied et fatigué déjà par de longues courses, il n'était pas probable que je pusse réussir; cependant je me mis sans hésiter au pas gymnastique et je commençai à arpenter rondement le terrain.

— Oui, observa le Parisien; mais cela ne pouvait pas durer longtemps comme ça, n'est-ce pas, mon vieux?

— Juste, mon bonhomme; je voyais le moment où je ne pourrais plus mettre un pied devant l'autre, lorsque le bonheur voulut que je fusse rejoint par une carriole dont j'entendais déjà depuis quelque temps danser derrière moi les roues sur les cailloutis de la route; le paysan qui conduisait la carriole fut le premier à m'adresser la parole et à m'offrir de monter près de lui; je n'ai pas besoin de vous dire que j'acceptai avec enthousiasme; ce paysan était justement un brave homme haïssant les Prussiens et dévoué à la France; peut-être se douta-t-il que je n'étais guère en règle; mais il n'en laissa rien paraître et ne m'adressa aucune question. En arrivant à la porte de la ville, quand on lui demanda qui j'étais, il répondit en clignant de l'œil : C'est mon cousin Guépart, vous ne connaissez que ça; puis, lorsque la carriole eut franchi trois ou quatre rues, le paysan s'arrêta, me fit descendre, et me dit en me serrant la main : Adieu, pays, allez à vos affaires et bonne chance; méfiez-vous des casques à pointe, ils sont méchants comme des ânes rouges; là-dessus il éclata de rire, fouetta sa jument, en criant à tue-tête : Hue donc! Augusta, vilaine bête! Et il partit comme un trait; voici comment je suis entré dans Colmar.

— Ce n'était pas mal débuté, dit le commandant avec un sourire de bonne humeur.

— C'est ce que j'appelle avoir une rude chance, appuya le Parisien en se versant un verre de cognac.

Le Loup-Garou but une gorgée de café, fit claquer sa langue, ralluma sa pipe qui s'était éteinte, versa une large rasade d'eau-de-vie dans sa tasse, puis il reprit sa narration en ces termes :

— Je ne me plaignis pas d'avoir été ainsi abandonné seul au milieu de la rue; grâce à Dieu, je connais Colmar depuis longtemps et je n'y manque pas d'amis; cinq minutes plus tard j'avais trouvé mon affaire, et je me trouvais parfaitement en sûreté dans la maison d'un brave mercier avec lequel, dans un autre temps, avant la guerre, j'ai fait plus d'une bonne affaire, et qui, lorsque je lui dis mon nom à travers sa porte fermée, se hâta de me l'ouvrir et de me recevoir à bras ouverts. Je soupai copieusement et j'allai me coucher; je dormis tout d'une traite jusqu'au lendemain; à huit heures du matin j'étais debout; je pris congé de mon hôte qui insistait pour me retenir, mais je craignais de le compromettre; je le quittai et je me mis tout de suite en campagne; j'avais hâte d'obtenir les renseignements que j'étais venu chercher; après trois heures de recherches, de courses et d'interrogations, voici ce que je réussis à obtenir; vous pouvez être certain de ces renseignements; malheureusement ils ne sont pas tout à fait aussi complets que je l'aurais désiré; du reste, vous en jugerez.

— Oui, oui; mais voyons les renseignements, dit le commandant avec une certaine impatience.

— Les voici, mon commandant; M. Dessau est très-connu à Colmar, où il jouit d'une excellente réputation; il passe pour être fort riche, et très-dévoué à la France; les Prussiens, à leur entrée à Colmar, n'ont pas trouvé d'adversaire plus acharné contre les exactions et les vexations dont selon leur coutume ils ont accablé les habitants; M. Dessau leur a tenu tête, il a eu à plusieurs reprises maille à partir avec eux sans jamais leur céder; ils lui ont voué une haine implacable et chaque fois que l'occasion leur en est offerte, ils lui jouent des tours indignes, enfin tout le monde s'accorde à dire qu'il est devenu leur bête noire; en somme c'est un digne et excellent homme, tout dévoué à la France, et adoré surtout des pauvres auxquels il fait beaucoup de bien; car il use noblement de la fortune qu'il a acquise par son travail.

— Voici un magnifique portrait, s'il est ressemblant toutefois, dit Michel en se pinçant les lèvres.

— Certes, il doit l'être, reprit le Loup-Garou avec son sourire railleur, les gens auxquels je me suis adressé sont loin d'être suspects.

— Est-ce tout? fit le jeune homme avec une visible impatience.

— Pas encore; vous comprenez bien, commandant, que j'ai tenu à voir un si honorable citoyen.

— Mais puisqu'il est ici! s'écria le Parisien, ce n'était pas possible.
— Continuez, dit Michel avec un sourire.

Le Loup-Garou regarda le Parisien d'un air goguenard en haussant les épaules.
— Tu es encore bien de ton village, toi! fit-il.
— Hein! qu'est-ce que c'est? s'écria le Parisien très-vexé de l'apostrophe saugrenue du contrebandier.
— Tais-toi! dit péremptoirement l'officier; eh bien! l'avez-vous vu?
— Cela m'a été impossible.
— Pardi! grommela le Parisien, il est par trop bête aussi.
— Depuis quinze jours, continua le Loup-Garou, sans se préoccuper de l'interruption du zouave, M. Dessau a disparu après une altercation très-vive qu'il a eue avec le commandant allemand; les uns prétendent qu'il a été enlevé pendant la nuit et transporté dans une citadelle de l'autre côté du Rhin, tandis que d'autres soutiennent au contraire que M. Dessau, dont les précautions étaient prises de longue date, et qui sait qu'il peut compter sur le dévouement de ses amis, serait tout simplement caché dans Colmar même, dans une impénétrable retraite.
— Ainsi, il n'aurait pas quitté Colmar?
— C'est l'opinion générale, mon commandant.
— Hum! ces renseignements n'ont rien d'assez positif pour qu'ils puissent nous être utiles; qu'avez-vous fait alors?
— Je ne me suis pas découragé, mon commandant, je vous avais promis de vous apporter des renseignements certains et coûte que coûte, je voulais tenir ma promesse. Résolu à attaquer le taureau par les cornes, je me rendis tout droit à la maison de M. Dessau, maison entre parenthèses que les Prussiens ont pillée, déménagée des caves aux greniers, en un mot complètement dévastée; lorsque j'arrivai, il y avait un nombreux rassemblement devant la porte, on criait et on sifflait les Prussiens qui étaient en train d'enlever impassiblement jusqu'aux boutons en cuivre des portes, en ricanant bêtement au nez de la foule indignée d'une telle façon d'agir envers l'un des meilleurs citoyens de la ville.

Le hasard me plaça auprès d'un individu que je connaissais un peu. La conversation s'engagea tout de suite entre lui et moi, il cachait sous sa veste un paquet auquel, de la façon dont il essayait de le dissimuler aux regards, il paraissait beaucoup tenir et qui devait être pour lui bien précieux. Après avoir échangé quelques paroles avec moi, cet homme fit un mouvement pour s'en aller; je le suivis, je n'avais plus rien à attendre là. J'accompagnai donc mon ancienne connaissance jusqu'à sa maison située à deux ou trois rues plus loin; lorsqu'il m'eut fait entrer, il ferma soigneusement la porte derrière moi, posa sur une table le paquet assez volumineux dont il était chargé et se laissa aller sur une chaise avec un soupir de soulagement. Il paraît que les pauvres qui, ainsi que je l'ai dit, aiment beaucoup M. Dessau, s'étaient donné le mot pour soustraire à la rapacité prussienne, autant toutefois que cela serait possible, les objets les plus précieux que leur bienfaiteur avait laissés dans sa maison en l'abandonnant, ce à quoi ils réussirent, au grand désappointement et à la fureur impuissante des Prussiens, qui ne trouvèrent presque plus rien qui valût la peine d'être emporté, lorsqu'ils arrivèrent pour procéder au pillage de la maison; bien entendu que tout ce qui a été soustrait ainsi sera conservé précieusement pour être remis à son légitime propriétaire dès que celui-ci reparaîtra. Mon homme avait mis la main sur un lot fort riche d'objets d'art, mais ce qui attira surtout mon attention, ce fut une grande toile voilée que mon ami avait mise de côté avec un soin particulier; naturellement, je lui demandai ce que c'était; il déroula la toile, c'était un tableau ou pour mieux dire un portrait ; le portrait représentait un homme de quarante-cinq ans environ, les yeux et les cheveux noirs, la barbe touffue, la physionomie intelligente et douce ; cet homme, vêtu d'une superbe robe de chambre, se tenait debout près d'une table sur laquelle un de ses bras posait légèrement, il était de petite taille, large d'épaules et un peu gras. En résumé, c'était très-beau ; je demandai quel était ce portrait ; mon ami me répondit que c'était celui de M. Dessau, peint par un artiste de Paris et qui avait été à l'Exposition de 1867.

— Comment ! m'écriai-je, M. Dessau n'est donc pas vieux ?

— C'est un homme de quarante-cinq ans tout au plus, me répondit mon ami.

— Il n'a pas les cheveux blancs ?

— Vous voyez qu'ils sont noirs comme du jais ; ce portrait est d'une ressemblance frappante, on dirait qu'il va parler, reprit mon ami.

— Mais ses lunettes, son lorgnon, enfin ce qui lui sert à voir, je ne l'aperçois pas ?

— Des lunettes ! M. Dessau, fit mon ami en riant ; avec ces yeux-là ! vous voulez rire. J'en avais appris assez, je me retirai. Que pensez-vous de cela, mon commandant ? trouvez-vous ces renseignements positifs ?

— Certes, répondit Michel devenu rêveur ; ainsi j'avais raison ? ma méfiance était justifiée ?

— Dame ! vous voyez, commandant.

— Oui, et cependant je ne puis rien faire.

— Bon ! pourquoi donc cela ? ne vous ai-je pas donné assez de preuves de la supercherie ?

— C'est vrai, mais vous ne m'en avez apporté aucune ; Loup-Garou, mon ami, ajouta-t-il en hochant la tête, nous avons fait un pas dans la voie que nous suivons, pas immense, puisque nous avons maintenant entre nos mains toutes les preuves morales suffisantes pour justifier nos soupçons et nous donner raison vis-à-vis de nous-mêmes.

— Eh bien, alors, commandant ?...

— Mais, continua Michel, nous ne possédons aucune preuve matérielle du délit, preuve que nous puissions montrer, si je puis m'exprimer ainsi ; par exemple, si nous possédions ce portrait qui vous a fait découvrir la supercherie, nous aurions, dès à présent, gain de cause assuré ; mais comment pourrons-nous soutenir à cet homme qu'il nous trompe, qu'il n'est pas la personne qu'il prétend être, lorsque, ses papiers à la main, il nous prouvera que nous sommes dans l'erreur ? que lui répondrons-nous ? Rien, car il nous sera impossible de le démasquer. Tous les tribunaux nous donneraient tort, et ils auraient raison. Comprenez-vous ce que je veux dire ?

— Oui, oui, commandant, je comprends que je suis un imbécile, que j'ai agi comme un nigaud ; j'aurais dû apporter le portrait.

— L'auriez-vous pu ?

— Peut-être, mais rien n'est perdu, s'écria-t-il résolûment ; ce que j'aurais dû faire, je le ferai, voilà tout ; je puis être de retour ce soir.

— Non pas, s'il vous plaît. A quoi bon ? Les preuves que vous avez obtenues sont suffisantes pour asseoir notre conviction à vous et à moi ; cela n'est-il pas tout ce qu'il nous faut ? Nous surveillerons cet homme de près, et à la plus légère apparence de trahison, j'en ferai justice ; surtout silence ; quel que soit cet individu, il possède une habileté supérieure ; un mot imprudent, un geste suffiraient pour le mettre sur ses gardes, et alors il nous glisserait entre les mains comme un serpent ; contentons-nous de veiller attentivement sur tous ses mouvements ; vous m'avez bien entendu tous deux, n'est-ce pas ?

— Oui, commandant, firent-ils d'une seule voix.

— Pour le reste, rapportez-vous-en à moi, et maintenant, dites-moi, avez-vous appris quelques nouvelles ? Paris est-il pris ?

— Non pas, commandant, il résiste toujours ; d'après ce que l'on assure les Parisiens sont comme des enragés. Ils fabriquent de la poudre et des fusils, fondent des canons et ont organisé la défense de telle sorte que les Prussiens n'ont pas gagné un pouce de terrain ; tous les hommes, jeunes ou vieux, se sont engagés dans la garde nationale et se battent comme des soldats ; le bombardement est commencé depuis quinze jours avec des pièces de canon énormes ; les vivres manquent, rien n'y fait ; les Parisiens ne veulent pas entendre parler de se rendre ; les Prussiens sont épouvantés d'une défense que malgré eux ils sont contraints d'admirer.

— Brave Paris ! s'écria Michel avec enthousiasme, c'est bien dans ses murs que bat réellement le cœur de la France !

— Eh ! eh ! fit le Parisien en frisant coquettement sa moustache rousse, ce n'est pas à Paris qu'on verra ce qu'on a vu à Sedan et à Metz ! Vive la République !

— Savez-vous quelque chose à propos de Belfort ?

— Les Prussiens sont furieux ! Le colonel Denfert a jusqu'à présent repoussé toutes leurs attaques ; il a juré de s'ensevelir sous les ruines de la place plutôt que de la rendre ; la population tout entière fait chorus avec lui ; l'enthousiasme est général ; les Prussiens ne sont pas plus avancés qu'il y a quinze jours.

— A la bonne heure, de tels faits reposent de tant de lâchetés et de tant de trahisons ! Les gens de cœur ne manquent pas en France, la République leur permettra de se produire et de venger les hontes du régime impérial ; il faut nous hâter de sortir de ces montagnes ; nous ne pouvons plus servir utilement notre pays ici, notre devoir exige que nous rejoignions au plus vite ses derniers défenseurs.

— Je me suis occupé de cela, mon commandant, voilà ce qui a fait que j'ai tardé à revenir ; à force de rôder d'un côté et d'un autre, j'ai réussi à découvrir un chemin qui abrége de près d'un tiers la distance que nous avons encore à parcourir, pour être en vue des lignes françaises.

— Ah ! pour cette fois, ami Loup-Garou, si vous êtes bien certain de ce que vous m'annoncez, voilà véritablement une bonne nouvelle.

— Vous pouvez vous fier à moi, mon commandant ; je réponds du succès, seulement je dois vous avertir qu'il est impossible de faire passer les bagages par ce chemin qui n'est en réalité qu'un sentier de chèvres où des montagnards seuls peuvent se hasarder sans risquer de se rompre le cou ; mais cela est de peu d'importance, puisque devant nous la route est libre et que c'est seulement par derrière que nous pouvons être attaqués.

— Nous reparlerons de tout cela, dit le jeune homme, voici le jour qui se lève, nous avons à nous occuper de choses plus pressantes. Parisien, débarrasse cette table ; puis cela fait, tu prieras MM. Ludwig et Otto de Walkfield de venir ici, je désire causer avec eux d'une affaire importante.

Lorsque les trois officiers furent réunis, ils s'enfermèrent ensemble.

Leur conférence dura plusieurs heures, elle ne se termina que vers midi. En se séparant, Michel, Otto et Ludwig semblaient soucieux ; mais, sur une observation faite à voix basse par leur collègue, leurs traits s'éclaircirent et l'expression de leur physionomie redevint calme, presque riante.

Une heure environ après le coucher du soleil, Michel, suivi du Loup-Garou, du Parisien et de tous les compagnons inséparables du contrebandier, quittèrent le camp sans être remarqués et s'enfoncèrent dans la montagne où bientôt ils eurent disparu au milieu des ténèbres.

Leur absence se prolongea fort longtemps, elle dura pendant la plus grande partie de la nuit ; ce ne fut que vers trois heures du matin qu'ils rentrèrent au village ; ils semblaient harassés de fatigue et avaient de la boue jusqu'aux genoux.

Les trois excursionnistes se dirigèrent vers la maison dont Michel avait fait son quartier général.

Après avoir répondu au salut de la sentinelle, le commandant pénétra dans la maison toujours suivi de ses compagnons, et il ouvrit la porte de sa chambre à coucher.

Cette chambre était en ce moment occupée par Ludwig et Otto de Walkfield qui étaient assis de chaque côté de la cheminée, dans laquelle brûlait un bon feu ; ils fumaient et causaient pour tuer le temps en attendant le retour de leur collègue et ami.

— Eh bien, commandant, quoi de nouveau? demanda Ludwig.

— Vous rentrez bien tard, avez-vous au moins réussi? ajouta Otto de Walkfield, en serrant la main de Michel.

— Tout va bien, reprit celui-ci ; seulement les chemins sont exécrables. Il nous faudra attendre une couple de jours que la terre soit raffermie.

— Ainsi, il ne nous est pas possible de partir immédiatement? demanda Otto avec intention.

— Je ne dis pas cela positivement, répondit Michel ; le chemin carrossable est bon à la grande rigueur ; les charrettes chargées modérément pourront s'engager sans courir le risque de trop s'y embourber ; je parle surtout du sentier découvert par le Loup-Garou, sentier dans lequel on ne pourrait en ce moment se risquer sans danger. Ce sentier raccourcit le trajet d'au moins un bon tiers, et, comme le chemin, il va déboucher à environ trois lieues au-dessus de Belfort du côté de la France, dans une forêt assez épaisse à douze ou quinze cents mètres tout au plus d'un village assez important au dire des paysans, mais dont le nom ne me revient pas en ce moment ; nous avons exploré les deux routes aussi loin que cela nous a été possible, vu le peu de temps dont nous disposions ; car, avant tout, nous avons tenu à explorer les environs et à nous assurer qu'aucun danger imminent ne nous menaçait de la part de l'ennemi.

— Ah! ah! et de ce côté, n'avez-vous rien aperçu d'inquiétant?

— Pas positivement, bien que, je l'avoue, je sois assez perplexe à ce sujet.

— Quelle est donc cette chose qui vous rend si perplexe?

— A environ deux lieues et demie d'ici, presque au pied de la montagne, nous avons vu ou cru voir briller certaines lumières qui nous ont semblé suspectes. Ces lumières brillaient d'un vif éclat, puis tout à coup elles disparaissaient pour reparaître un instant plus tard ; cela nous inquiéta d'autant plus que dans la direction où se trouvaient ces lueurs ou ces lumières, il n'existe ni hameau ni village.

— C'était singulier, en effet.

— N'est-ce pas? Je voulais marcher résolument en avant pour m'assurer moi-même de ce que cela pouvait signifier, mais le Loup-Garou et le Parisien s'y opposèrent ; finalement, ce fut le Loup-Garou qui fut chargé de cette reconnaissance ; il fut absent une demi-heure à peu près. Lorsqu'il revint, il m'annonça qu'il avait failli donner dans un poste prussien, que son chien l'avait averti à temps, sans cela il était pris ; il me raconta ensuite qu'il s'était approché le plus près possible, en rampant sur les genoux et sur les mains, du bivac ennemi, qu'il avait tout examiné avec le plus grand soin, et qu'il avait compté un détachement nombreux. N'est-ce pas, Loup-Garou?

— Oui, mon commandant, ils sont environ quinze cents hommes, infanterie et cavalerie ; il est évident qu'ils sont là pour nous.

— Voilà où nous différons d'opinion : la présence de la cavalerie me fait, au contraire, supposer que ces troupes se dirigent probablement sur Belfort en suivant autant que cela leur est possible le pied des montagnes, la cavalerie les gênerait fort au milieu des

Aux-Iles-le-Haut était avant la guerre...

pentes, des escarpements et des défilés qui nous servent de refuge.

— Si vous consentez à m'accorder quelques instants d'attention, mon cher Michel, je crois être certain que lorsque vous m'aurez entendu, vous vous rangerez, comme nous le faisons, Ludwig et moi, à l'opinion du Loup-Garou, qui nous semble cette fois, comme toujours, avoir bien vu. N'est-ce pas, mon cher Ludwig?

— Oui, oui, monsieur Otto, et le commandant ne fera pas mal de vous écouter, répondit l'ex-contre-maître en hochant la tête. Écoutez le commandant, ajouta-t-il, d'ailleurs cela ne vous engage à rien.

— Je ne demande pas mieux, messieurs, que de faire ce que vous désirez, répondit Michel en souriant; toute question d'amour-propre doit être mise de côté quand il s'agit de l'intérêt général, je n'hésiterai pas à avouer que j'ai tort si je me suis trompé, croyez-le bien. Parlez donc, je vous en prie, mon cher Otto, je vous prête la plus sérieuse attention.

— La chose n'est pas longue, mais elle a une signification à laquelle vous ne vous tromperez pas, mon cher Michel; ce soir, une heure environ après que vous aviez quitté le camp, une de nos sentinelles avancées crut apercevoir une ombre qui glissait devant lui à portée de pistolet à peu près entre les arbres. La sentinelle cria : Qui vive ! Trois fois elle répéta ce même avertissement, et trois fois il demeura sans réponse ; la sentinelle crut même s'apercevoir que l'ombre suspecte, au lieu de se rapprocher comme elle l'avait fait d'abord, essayait au contraire de s'éloigner au plus vite, elle épaula son fusil, visa et fit feu en criant : Aux armes! On accourut au bruit ; on s'informa, et sur les indications données par la sentinelle, on découvrit, dans la direction où elle avait tiré, le corps d'un homme étendu sur le sol : la balle lui avait traversé la tête ; il était mort sur le coup ; ce qui dans le premier moment causa une impression générale de mécontentement, parce que ce cadavre était vêtu du costume des montagnards, mais après l'avoir minutieusement examiné, on découvrit qu'il portait pendue au cou une petite tablette portant un nom, une date, enfin un signalement parfaitement en règle ; le prétendu montagnard était un soldat prussien. Par une singulière coïncidence, dans laquelle le hasard nous a semblé n'être pour rien, au moment où nous sortions de la forêt, nous nous sommes trouvés nez à nez avec le sieur Dessau, le juif que vous savez et qui a paru singulièrement contrarié de la rencontre, bien que nous ayons feint de n'attacher aucune importance de le voir dans un endroit où, sous aucun prétexte, il n'aurait dû se trouver, surtout à une heure aussi avancée de la nuit. Voilà mon histoire, mon cher Michel, comment la trouvez-vous ? Elle est simple, mais, ainsi que je vous l'ai dit en commençant, il me semble qu'elle a une certaine signification qui ne saurait vous échapper.

— Et qui ne m'échappe pas, soyez-en certains ; messieurs, je fais amende honorable, j'avais tort, le Loup-Garou seul avait raison, son instinct de contrebandier lui avait cette fois encore fait deviner juste.

— Que pensez-vous que nous devions faire? La situation est critique, d'un moment à l'autre, nous pouvons être attaqués.

— La situation se complique, mais elle n'est pas aussi critique que vous le supposez. Quant à une attaque, nous n'avons pas à en redouter une d'ici à deux ou trois jours au moins ; à la rigueur, nous pouvons descendre, mais il est impossible, dans l'état où se trouvent les chemins, qu'un corps de troupe ose se hasarder à gravir les pentes escarpées qui conduisent au sommet de cette montagne, les soldats qui ne resteraient pas embourbés rouleraient inévitablement dans les précipices ; de ce côté, nous n'avons donc rien à redouter quant à présent, d'autant plus que l'espion prussien, découvert au moment où il cherchait à s'introduire dans le camp, n'a pu s'aboucher avec son complice, puisqu'il a été tué roide ; donc les Prussiens ignorent l'endroit précis où nous sommes campés et ils l'ignoreront longtemps encore, la neige et la pluie ayant effacé toutes les traces de notre passage dans la montagne.

— Tout cela est parfaitement probable ; que concluez-vous, ou plutôt quelle détermination prenez-vous?

— Il nous faut mettre à profit le temps qui nous est accordé ; voici donc ce que nous ferons demain ; au point du jour tous les bagages et toutes les charrettes partiront par la route carrossable, les bagages seront escortés par vous, Otto, et cinquante hommes de votre compagnie, le reste demeurera ici à ma disposition ; je vous recommande de veiller avec un soin tout particulier sur ce cher M. Dessau.

— Soyez tranquille, il est en bonnes mains.

— Ah! je n'ai pas la moindre inquiétude à ce sujet; vous pousserez en avant le plus que vous pourrez; le rendez-vous général est à l'embranchement des deux chemins.

— C'est entendu, cela sera ponctuellement exécuté. Quant à vous, Ludwig, vous formerez l'arrière-garde avec le reste de la compagnie de Otto et la moitié de la vôtre. S'il n'y a rien de nouveau, vous partirez dans trois jours par la sente découverte par le Loup-Garou, et dont on vous montrera l'entrée; vous arriverez avant Otto au rendez-vous, où vous me trouverez moi-même, car je partirai par le même chemin un jour avant vous, avec une cinquantaine d'hommes choisis parmi les plus robustes, tandis que le lieutenant Kerdrel, avec le reste des deux compagnies, prendra à la même heure la route carrossable; n'oubliez pas, Ludwig, que, afin de mieux donner le change aux Prussiens et les éloigner des bagages et surtout des voitures dans lesquelles se trouvent les femmes et les enfants, vous devrez les attirer sur votre piste, par conséquent vous laisser voir d'eux, sans cependant, bien entendu, vous engager sérieusement.

— Cela sera facile, mon commandant.

— Vous m'avez bien compris, messieurs? Vous n'avez pas d'observations à me faire?

— Aucune.

— Ainsi, ce plan vous convient?

— Il nous semble prudent et d'une exécution facile; nos forces, bien qu'assez espacées, seront toujours en mesure de se soutenir.

— Alors, adieu, mon cher Otto, nous ne nous reverrons probablement pas avant votre départ; songez que je vous confie ce que j'ai de plus cher au monde, ma famille et ma fiancée, ajouta-t-il avec une émotion contenue.

— Je me ferai tuer pour les défendre, je ne puis rien assurer au delà, fit-il en souriant.

— Prenez vos dispositions le plus secrètement possible, il est important que nul ne soit prévenu; au point du jour, en route et bonne chance.

Les deux jeunes gens s'embrassèrent comme s'ils eussent été frères; puis, après une dernière poignée de main, ils se séparèrent.

Ainsi que cela avait été résolu, le lendemain au lever du soleil, Otto quitta le camp.

Le secret avait été si bien gardé que M. Dessau fut littéralement pris à l'improviste; il dormait encore lorsque Otto lui annonça que les premières charrettes étaient déjà en marche, et qu'il n'avait que cinq minutes pour faire ses préparatifs et suivre la colonne.

Loin de paraître contrarié de ce brusque départ, M. Dessau parut au contraire très-satisfait de quitter le village, et sa satisfaction se changea presque en joie lorsqu'il apprit qu'il faisait partie du convoi des blessés, des femmes et des enfants qui avaient reçu l'ordre de partir en avant.

Cette joie parut tellement insolite à Michel, lorsqu'on lui rendit compte de ce qui s'était passé, qu'il s'en montra fort inquiet.

Le lendemain ce fut le tour du détachement commandé par Yvon Kerdrel, de se mettre en marche.

Avant le départ, les deux frères d'armes eurent entre eux une longue conférence à voix basse, à la suite de laquelle Yvon dit à son ami ces deux seuls mots :

— Je veillerai!

Puis il se mit à la tête de son détachement, qui disparut bientôt dans les méandres de la route.

Enfin Michel s'éloigna lui aussi, après avoir renouvelé ses recommandations à Ludwig.

L'ancien contre-maître demeura seul dans le village, à la tête d'un détachement d'environ deux cents hommes, prêt à recevoir l'ennemi s'il se présentait et à faire comme toujours consciencieusement son devoir.

Du reste l'attente, de Ludwig ne fut pas de longue durée; vers trois heures de l'après-midi, ses vedettes lui annoncèrent l'apparition des têtes de colonnes prussiennes qui gravissaient la montagne en bon ordre.

Les Allemands venaient lentement avec des précautions extrêmes, ce qui donna le temps à Ludwig de faire ses derniers préparatifs.

Enfin, vers quatre heures, ils arrivèrent en vue du plateau.

Ils avaient avec eux de la cavalerie et plusieurs pièces de montagne, ce qui avait retardé leur marche à travers ces chemins remplis de fondrières.

Lorsque l'ennemi fut à bonne portée, il fut salué par une décharge terrible qui lui fit d'autant plus de mal qu'il n'avait pas encore eu le temps de se déployer.

Les francs-tireurs avaient coupé le plateau dans tous les sens par des tranchées larges et profondes; ils avaient fait des épaulements et des abatis de bois qui rendaient leur position réellement formidable et presque impossible à enlever.

Les Allemands essayèrent de tourner cette position qu'ils désespéraient d'enlever de front, et leur premier soin fut de s'établir solidement à l'entrée du chemin carrossable, afin de couper la retraite aux francs-tireurs qu'ils espéraient ainsi prendre comme dans un immense filet.

Le combat se prolongea jusqu'à la nuit noire, sans pertes sensibles du côté des Français, parfaitement abrités derrière les épaulements et les abatis.

L'obscurité interrompit forcément le combat.

Chacun campa où il se trouvait, et les feux de bivac furent allumés.

Ludwig, sans perdre de temps et avant le lever de la lune, fit filer ses francs-tireurs par la sente escarpée que le Loup-Garou avait découverte; il ne laissa en arrière que vingt-cinq hommes chargés d'entretenir les feux de bivac et de surveiller l'ennemi, leur recommandant de tenir le plus longtemps possible.

Ceux-ci obéirent ponctuellement.

Au lever de la lune, les Allemands tentèrent une surprise, mais, reçus par une fusillade bien nourrie, ils se retirèrent; trois fois pendant la nuit ils essayèrent ainsi d'enlever les retranchements, mais sans plus de succès.

Une heure environ avant le jour, les francs-tireurs jugeant qu'ils avaient assez fait, et que demeurer plus longtemps serait une témérité inutile, se mirent en retraite à leur tour et s'élancèrent sur les pentes abruptes du sentier, véritable chemin de chèvres, où seuls des montagnards pouvaient tenir pied.

Dès qu'il fit assez jour pour distinguer les objets, les Prussiens tentèrent une attaque générale en la faisant appuyer par l'artillerie.

Ne recevant pas de réponse et craignant quelque diabolique invention des francs-tireurs, l'ennemi, au lieu de s'élancer bravement à l'assaut, recula au contraire et prit des mesures de précautions méticuleuses contre toute éventualité, ce qui donna le temps nécessaire aux francs-tireurs pour se mettre à l'abri et rejoindre leurs compagnons.

Enfin, lorsque les dernières mesures furent prises, les Prussiens se ruèrent contre les barricades qu'ils couronnèrent en poussant des hurrahs formidables.

Ils furent frappés de stupeur, en voyant que les barricades étaient abandonnées.

Les francs-tireurs avaient disparu jusqu'au dernier.

Mais bientôt leur surprise se changea en rage, ils avaient découvert la sente par laquelle leurs ennemis avaient battu en retraite.

Cette sente était une espèce de précipice, dont la vue seule faisait reculer d'épouvante les plus braves soldats.

Les officiers voyaient au moyen de leurs lorgnettes les francs tireurs courant comme des chamois, se laissant glisser ou s'accrochant aux broussailles et aux angles des rochers ; c'était donc bien par là qu'ils avaient fui ; d'ailleurs, il ne restait que cette issue, toutes les autres étaient gardées.

Les poursuivre par ce chemin était impossible, surtout avec de la cavalerie et de l'artillerie.

Un moment le chef de la colonne eut la pensée de descendre par la route carrossable, mais cette route ne portait aucune trace du passage d'une troupe armée ou d'un convoi, d'ailleurs elle semblait suivre une direction diamétralement opposée à celle prise par les francs-tireurs.

Les Prussiens, honteux et confus, comme dit le bon La Fontaine, d'avoir une fois encore été pris pour dupes par ces démons de francs-tireurs, qui se moquaient d'eux avec une si détestable effronterie, retournèrent sur leurs pas à la recherche d'un chemin qui les remit sur la trace de ces insaisissables ennemis dont, avec d'horribles blasphèmes, ils juraient de tirer une vengeance exemplaire dès qu'ils les tiendraient.

IV

LE VILLAGE ABANDONNÉ

Trois jours s'étaient écoulés depuis que s'étaient passés les événements racontés dans notre précédent chapitre.

Il était trois heures de l'après-dîner environ, bien que le jour semblât être beaucoup plus avancé tant il était sombre ; depuis le matin un ouragan de neige sévissait avec fureur dans les hautes régions montagneuses qui avoisinent le Ballon d'Alsace ; les nuages, d'un gris sale et fort bas, couraient lourdement dans l'espace ; le vent soufflait en foudre, courbant les arbres échevelés et faisant tournoyer la neige qui tombait à flots si pressés que le jour obscurci prenait des teintes de plus en plus sombres et se faisait presque crépusculaire ; les pentes abruptes des montagnes n'apparaissaient plus que comme un immense tapis de neige percé çà et là par les géants des forêts, ressemblant à de grands fantômes blanchâtres dont les bras s'agitaient désespérément, avec de sinistres plaintes.

Pourtant, au milieu de ce chaos incessamment bouleversé par la tempête, dont les efforts allaient toujours croissant, un voyageur, monté sur une bonne mule d'amble, suivait les sinuosités sans nombre d'une sente à peine tracée sur les pentes, et qui couraient capricieusement à travers bois et montagnes, — nous disons suivait, — c'est essayait de suivre que nous aurions dû dire, car la sente, entièrement recouverte de neige, était impossible à reconnaître, et la mule, à demi aveuglée, n'avançait plus qu'avec peine et en trébuchant à chaque pas.

Ce voyageur, dont il était impossible d'apercevoir les traits, était frileusement enveloppé dans les plis épais d'un large manteau, sur lequel la neige s'amoncelait sans qu'il songeât à la secouer, son visage était enfoui jusqu'aux yeux dans les replis sans nombre d'un immense cache-nez et un chapeau rond à larges ailes, soigneusement rabattu sur ses yeux, protégeait sa tête en achevant de le rendre complètement méconnaissable.

Cet homme était arrivé la veille au soir, venant on ne savait d'où, au village de Plancher-les-Mines, situé sur l'extrême frontière des deux départements de la Haute-Saône et du Haut-Rhin, mais appartenant au premier ; il avait passé la nuit tant bien que mal dans une misérable auberge du village ; mais à peine le jour venu, malgré la mauvaise apparence du temps, il avait insisté pour continuer sa route, sans vouloir écouter les prolixes observations de son hôte, qui s'étendait avec une complaisance effrayante sur les dangers sans nombre auxquels, par une si épouvantable tempête, il allait être exposé dans les hautes régions de la montagne.

Notre homme, qui, au dire de l'hôte, était plus entêté que sa mule elle-même, pauvre bête, avait mangé un morceau à la hâte, tandis qu'on sellait sa monture, puis il était parti, non sans avoir préalablement demandé force renseignements topographiques, dans la direction de Giromagny, chef-lieu de canton du département du Haut-Rhin, situé à dix-sept ou dix-huit kilomètres au plus de Belfort, en ce moment assiégé par les troupes allemandes, qui, désespérant de s'en emparer autrement, en avaient commencé le bombardement, que, depuis plusieurs jours, ils continuaient avec une rage sans égale.

Le voyageur espérait atteindre bien avant la nuit Giromagny, où, disait-il, l'appelaient des intérêts de la plus haute importance, et que le moindre retard risquait de compromettre.

Pendant les deux premières heures, malgré les lugubres prédictions de l'aubergiste, l'inconnu continua son voyage dans des conditions relativement assez favorables; il est vrai que, pendant tout ce temps, il avait marché en plaine, et il se persuada qu'il arriverait bientôt et sans encombre au but qu'il se proposait d'atteindre, c'est-à-dire à Giromagny; à la vérité, il souffrait un peu du froid, mais il n'y avait là rien qui pût le décourager; il était bien couvert; sa monture était bonne; il n'y avait donc que patience à prendre.

Cela dura ainsi jusqu'à ce que le terrain se soulevant et s'ondulant de plus en plus, le voyageur se trouva enfin complètement engagé sur les pentes de plus en plus roides de la montagne; alors les choses changèrent tout à coup et sans transition.

La neige tombait plus serrée, elle s'amoncelait dans le sentier, dont toutes traces ne tardèrent pas à disparaître, le vent, assez fort en plaine, prenait, dans ces hautes régions, des proportions terribles, il fouettait sans relâche le voyageur ahuri, qu'à chaque instant il menaçait de renverser et de faire rouler avec sa monture au fond des abîmes béants et d'une profondeur redoutable.

La mule, de plus en plus aveuglée par la neige, n'avançait plus qu'à petits pas, avec une évidente hésitation, semblant ne rencontrer qu'avec une difficulté extrême un terrain solide où poser sûrement les pieds; elle marchait la tête basse, les naseaux ouverts, humant l'air dans toutes les directions; parfois le pauvre animal s'arrêtait, ne sachant comment suivre sans s'égarer définitivement les méandres infinis du sentier disparu, puis il reprenait sa route avec une résignation désespérée.

D'abord le voyageur avait essayé de diriger sa monture dans ce qu'il supposait le bon chemin, mais l'animal, se fiant à son instinct infaillible plus qu'aux maladroites indications de son cavalier, avait opposé une résistance obstinée aux efforts de celui-ci, résistance qui, deux ou trois fois, avait failli lui devenir fatale, si bien qu'en désespoir de cause, le voyageur ne se souciant nullement d'amener une rupture complète avec sa monture, rupture dont les suites pour lui pouvaient être déplorables, avait fini par céder à un entêtement plus fort que le sien, et contraignant sa raison à s'humilier devant l'instinct de sa bête rétive, il lui avait lâché la bride, la laissant libre de se gouverner à sa guise, et de le conduire comme bon lui semblerait.

C'était le meilleur parti que le voyageur pût adopter, et bientôt il en eut la preuve; la mule, dont jusque-là les pas avaient été hésitants, la marche incertaine et presque hébétée, releva gaillardement la tête, pointa les oreilles, tourna la tête à droite et à gauche comme pour s'orienter, et après deux ou trois minutes de ce singulier manége, elle s'élança au grand trot dans une direction diamétralement opposée à celle qu'un instant auparavant son cavalier s'obstinait à vouloir lui faire prendre. Elle quitta bientôt les pentes déboisées, atteignit la lisière des forêts séculaires, et commença à filer sous bois avec une assurance et une rapidité de bon augure pour le succès du voyage.

Nous abandonnerons pendant quelques instants, car nous ne tarderons pas à le retrouver, l'inconnu fort satisfait du résultat des concessions qu'il s'était enfin décidé à faire à l'instinct de sa monture, et nous enfonçant avant lui dans la forêt dans laquelle nous l'avons vu entrer, nous pénétrerons dans un village placé dans une situation charmante, en pleine montagne, et nommé Auxelles-le-Haut, pour le distinguer d'un autre village bâti à quelques portées de fusil de lui, mais dans le pli d'un ravin, sur les bords tourmentés d'une rivière, dont le nom est Auxelles-le-Bas.

Auxelles-le-Haut, peu éloigné de Giromagny, son chef-lieu de canton, est, ou plutôt était habité avant la guerre, par une population intelligente et laborieuse, occupée presque exclusivement à l'exploitation des mines de plomb argentifère qui abondent dans cette contrée dont elles forment la principale, ou pour mieux dire l'unique richesse; cette population de rudes montagnards, profondément patriote, avait vu, avec une douleur que rien ne saurait exprimer, l'invasion de la France par les Allemands, pour lesquels elle éprouvait une haine instinctive; à peine apprit-on à Auxelles-le-Haut l'investissement de Strasbourg que tous les travaux cessèrent dans les mines; les hommes en état de porter les armes décrochèrent les vieux fusils de braconniers accrochés au manteau de la cheminée, bourrèrent leurs poches de cartouches, et après avoir embrassé femmes et enfants, ils se jetèrent résolûment dans la montagne et se firent partisans, résolus à défendre, jusqu'à la dernière goutte de leur sang, le sol sacré de la patrie; les femmes, les enfants, les vieillards rassemblèrent à la hâte ce qu'ils avaient de plus précieux, et laissant derrière eux les portes de leurs chaumières ouvertes, ces êtres sans défense, mais animés par le souffle puissant du patriotisme, abandonnèrent sans hésiter leur pauvre village pour aller chercher un refuge assuré contre l'envahisseur exécré, soit à Vesoul, soit à Belfort; quelques vieillards seulement, trop faibles ou trop attachés au sol qui les avait vus naître et où se trouvaient les tombes de leurs pères, ne voulurent pas émigrer et attendirent avec résignation l'arrivée de l'ennemi.

Deux ou trois fois les Prussiens traversèrent Auxelles-le-Haut, pillant et brûlant les pauvres demeures et torturant les quelques vieillards qui seuls étaient demeurés dans le village, afin de les obliger à leur révéler des gisements de richesses imaginaires, de sorte qu'Auxelles-le-Haut ne fut plus bientôt qu'une ruine informe et ne renfermant plus un seul être humain.

Cependant, au moment où nous pénétrons sur la place du village depuis longtemps déjà complétement dédaigné par les plus effrontés pillards de l'armée prussienne, à cause de sa misère notoire, une maison de cette place, la seule de toutes qui fût encore à peu près intacte, avait une apparence de vie à laquelle, depuis bien longtemps, sans doute, elle n'était plus habituée; ses cheminées lançaient dans l'air des tourbillons d'une fumée noire et épaisse, des lueurs de flammes apparaissaient derrière les vitres, par miracle encore intactes, de ses fenêtres, et devant sa porte entr'ouverte était arrêtée, le brancard relevé, une chaise de poste entièrement recouverte de neige.

Des voyageurs s'étaient arrêtés dans cette maison, surpris probablement par l'ouragan au milieu des montagnes; ces voyageurs, quels qu'ils fussent, avaient cherché un refuge dans le village.

Des feux énormes avaient été allumés dans trois pièces, le bois ne manquait pas pour l'entretenir, et les voyageurs ne s'en faisaient pas faute.

Dans la cuisine en bas, une jeune fille, leste, accorte, et portant le costume de la Prusse rhénane, était activement occupée à préparer un repas assez bien fourni et surtout très-délicat, vu le lieu où elle se trouvait ; dans une pièce du premier étage, deux hommes assez jeunes, bien armés, dont l'un était revêtu d'une élégante livrée, et l'autre d'un costume de postillon, étaient assis de chaque côté d'une cheminée ; fumant dans d'énormes pipes de porcelaine, et ayant entre eux, à leur portée, une table sur laquelle étaient posés deux verres en corne d'une assez grande dimension, et une cruche à ventre rebondi pleine de bière.

Enfin, dans une troisième pièce, assise près du feu, le coude appuyé sur une table et la tête reposant sur la main, une dame jeune et d'une rare beauté suivait d'un air distrait les petillements de la flamme dans la cheminée.

Cette dame, que le lecteur connaît depuis longtemps et que sans doute il n'a pas oubliée, était Mme la baronne de Steinfeld.

Par quel étrange hasard retrouvons-nous la baronne de Steinfeld dans ce misérable village ruiné et sans habitants? C'est ce que la suite de ce récit ne tardera pas à nous apprendre.

La chambre dans laquelle se tenait la baronne était démeublée, ou peu s'en faut, à part quelques chaises dépaillées, deux tables en bois commun, il n'y avait rien ; un lit de campagne apporté dans la berline était dressé dans un angle de la chambre, et sur la cheminée reposait un riche nécessaire de voyage, dont la glace avait été retirée et posée debout contre le mur; près de lui quelques vêtements, un chapeau, étaient négligemment jetés, soit sur le lit, soit sur le dos d'une ou deux chaises ; c'était en somme un véritable campement ; campement, à la vérité, de femme riche accoutumée à ses aises, et où rien de ce qui est indispensable en voyage ne faisait défaut.

La porte s'ouvrit, le valet de chambre entra, et sans faire le moindre bruit, il étendit une nappe damassée sur une des tables, et en quelques minutes il eut dressé le couvert avec autant de soin et de symétrie que s'il se fût trouvé à Berlin dans l'hôtel de sa maîtresse ; cela fait, il mit du bois au feu et se retira aussi légèrement qu'il était entré.

La baronne n'avait semblé faire aucune attention à lui, elle réfléchissait, et, d'après les diverses expressions que prenait tour à tour sa charmante physionomie, ces réflexions ne semblaient pas être d'une gaieté folle.

Cependant le jour décroissait rapidement, l'obscurité commençait à envahir la chambre dans laquelle se tenait la baronne ; elle releva la tête et appuya son doigt délicat sur un timbre placé près d'elle.

La porte s'ouvrit, le valet de chambre parut.

— Des lumières, dit-elle.

Le valet de chambre sortit, mais il reparut presque aussitôt, tenant de chaque main un candélabre à cinq branches garnies de bougies roses allumées ; il posa un des candélabres sur la table où le couvert était dressé et l'autre sur la cheminée, puis, prenant deux couvertures de voyage placées sur une chaise, il les étendit devant les fenêtres en guise de rideaux.

— Madame la baronne désire-t-elle dîner ? demanda-t-il respectueusement, Lilias m'a chargé de prévenir madame la baronne que tout est prêt et qu'elle attend ses ordres.

— Quelle heure est-il ? demanda-t-elle.

Pillant et brûlant les pauvres demeures... (page 47).

— Cinq heures passées, madame.
— Vous servirez dans une demi-heure.

Le valet de chambre s'inclina respecueusement et fit un mouvement pour se retirer.

— Quel temps fait-il? reprit-elle.
— L'ouragan, qui avait paru se calmer, a repris, depuis une heure environ, une intensité nouvelle, madame la baronne; la nuit sera mauvaise.
— Quel ennui! fit-elle en étouffant un bâillement. Allez; je sonnerai quand il me plaira de souper.

Le valet de chambre s'inclina et sortit.

La baronne retomba dans ses réflexions.

Une demi-heure environ s'écoula, la jeune femme releva languissamment la tête.

— Je ne me sens aucun appétit, murmura-t-elle; cette tempête qui me relègue ici, quand je devrais être loin déjà; qui sait si ce retard fatal ne sera pas cause d'un irréparable malheur! Que faire?... Soupons, reprit-elle après un instant; cela me fera passer une heure : ce sera autant de gagné

Elle allongea le bras vers le timbre, mais en ce moment il lui sembla entendre un certain bruit au dehors.

Elle écouta, mais elle ne put rien distinguer qu'un bruit de voix, sans qu'un seul mot parvînt à son oreille.

— Que se passe-t-il donc? murmura-t-elle.

Deux coups légers furent frappés à la porte.

— Entrez, dit-elle.

La porte s'ouvrit, le valet de chambre parut.

— Que voulez-vous? demanda la baronne.
— Un voyageur vient d'arriver.
— Un voyageur! fit-elle avec étonnement, par ce temps épouvantable!

— Oui, madame la baronne ; mouillé, transi de froid, il fait réellement peine à voir tant il paraît avoir souffert.

— Sans doute quelque pauvre malheureux qui s'est égaré dans les neiges par cet effroyable ouragan?

— Madame la baronne m'excusera, répondit respectueusement le valet de chambre, ce voyageur ne ressemble en rien à un malheureux, il est bien vêtu et est arrivé ici monté sur une bonne mule ; il paraît même, d'après ce qu'il nous a dit, que c'est l'instinct de la pauvre bête qui l'a sauvé, en l'amenant tout droit ici, lorsque lui ne savait plus comment se diriger.

— Voilà qui est singulier, quel homme est cet étranger?

— Je ne pourrais rien dire encore à cet égard à madame la baronne ; il est tellement emmitouflé dans ses vêtements qu'il nous a été jusqu'à présent impossible de voir son visage.

— Comment! vous radotez, je pense, ou vous vous permettez une sotte plaisanterie, dit-elle sévèrement. D'après votre propre aveu, vous avez causé avec cet étranger, et vous soutenez ne pas avoir vu son visage.

— C'est pourtant l'exacte vérité ; je ne me permettrais pas de plaisanter en présence de madame la baronne.

— Alors expliquez-vous clairement, car je ne comprends absolument rien à tout votre verbiage.

— Madame la baronne, voici ce qui est arrivé : lorsque cet étranger s'est arrêté devant la porte de la maison où nous sommes, il lui a été impossible de mettre pied à terre ainsi que nous l'y invitions ; ses articulations roidies par le froid lui refusaient tout service ; Johan le postillon et moi nous l'avons empoigné chacun par une jambe, et nous l'avons porté dans la cuisine : il était droit et roide comme un pieu ; nous l'avons placé du mieux que nous avons pu devant un grand feu, afin de le réchauffer, et en ce moment il est en train de dégeler peu à peu.

A cet étrange récit, fait avec le plus imperturbable sang-froid, la baronne sourit malgré elle.

— C'est bien, dit-elle, prenez le plus grand soin de ce pauvre homme ; lorsqu'il sera complétement dégelé, ajouta-t-elle en se pinçant les lèvres, tâchez de savoir qui il est, et si, ce qui est possible, c'est réellement un homme comme il faut, vous me préviendrez.

— Madame la baronne sera ponctuellement obéie ; faut-il servir le dîner de madame la baronne?

— Non, j'attendrai encore quelques instants ; allez et surtout n'oubliez pas mes recommandations.

Le domestique salua respectueusement sa maîtresse, puis il sortit.

Demeurée seule, la baronne prit un livre posé près d'elle sur la table et elle l'ouvrit, plutôt pour se donner une contenance que pour lire ; son esprit était ailleurs, ses regards ne distinguaient les caractères tracés sur les pages qu'à travers un nuage, mais ses réflexions avaient changé de sujet, elle pensait à ce voyageur qui, malgré l'ouragan, n'avait pas hésité à s'engager au milieu des neiges de la montagne, et, seul, éloigné de tout secours, avait résolûment bravé les plus grands périls, sans doute malgré les observations qui lui avaient été faites par les habitants du bas pays ; et elle se disait mentalement qu'il fallait que cet homme eût, comme elle en avait elle-même, des motifs bien sérieux, ou des affaires bien importantes pour agir ainsi qu'il l'avait fait, et tout naturellement la curiosité de la baronne, qui était femme jusqu'au bout des ongles, s'éveillait et elle se demandait quel pouvait être cet homme et quels étaient les motifs ou les affaires qui avaient pu le pousser ainsi à braver une mort horrible et presque certaine.

Cependant le temps passait ; près d'une heure s'était écoulée depuis l'arrivée de l'étranger, et elle ne recevait aucune nouvelle de lui ; sa curiosité était extrême, son impatience au comble; malgré elle, elle écoutait les bruits vagues de la maison; sa main frappait nerveusement la table; deux ou trois fois elle fut sur le point de se lever et d'aller s'informer elle-même de ce qui se passait, le respect de sa dignité fut seul assez fort pour la retenir chaque fois que, malgré elle, elle faisait un mouvement pour se lever.

Enfin la porte s'ouvrit et le valet de chambre parut.

La baronne eut besoin de toute sa volonté pour retenir une exclamation qui flottait sur ses lèvres.

— Madame la baronne, dit le domestique toujours formaliste, j'ai l'honneur de vous apporter des nouvelles.

— Ah! fit-elle avec une nonchalance affectée en éteignant le feu de son regard. Eh bien, qu'y a-t-il? votre homme est-il dégelé?

— Complétement, madame la baronne, mais il était temps, quelques minutes de plus et c'était fini; maintenant, il parle, il boit et il remue absolument comme une personne naturelle; c'est une bien belle cure que nous avons faite là, madame la baronne.

— Tant mieux, répondit-elle en souriant, j'en suis charmée pour lui; de sorte que maintenant vous avez pu voir son visage.

— Certes, madame, il s'est débarrassé de tous ses vêtements de dessus, au fur et à mesure qu'il se dégelait et qu'il reprenait la liberté de ses mouvements; alors nous avons vu son visage tout à notre aise, c'est un beau gaillard haut en couleurs, portant des favoris en côtelettes, l'air sociable et bon enfant, quoique ne manquant pas d'une certaine distinction commerciale.

— Hein! que nommez-vous distinction commerciale? fit-elle en relevant curieusement la tête.

— Madame la baronne me pardonnera cette locution singulière, j'en conviens; j'entends par ces mots, cette distinction qui n'étant pas innée chez l'individu s'acquiert dans le commerce ou même l'industrie par suite d'un frottement continuel avec les personnes de race avec lesquelles on est en relations d'affaires. Les grands commerçants, les banquiers, etc., ont tous en général cette distinction commerciale qui trompe au premier coup d'œil, mais qui à certains mots et à certains gestes involontaires ne tarde pas à trahir le vilain décrassé.

— Oui, en un mot, vous voulez dire que la caque sent toujours le hareng, n'est-ce pas cela? fit-elle en souriant.

— Madame la baronne a parfaitement rendu ma pensée; tel est, en effet, cet étranger; il a l'air jovial, le nez gros, la bouche grande, les dents magnifiques, est très-élégamment vêtu, mais il porte une chaîne d'or trop grosse et un diamant au petit doigt trop voyant.

— Oui, élégance commerciale, ainsi que vous dites, interrompit-elle en riant.

— C'est cela même, madame la baronne.

— Hum, ce signalement, si complet qu'il paraisse, ne m'apprend cependant pas grand'chose; ne vous a-t-il donc rien dit?

— Pas grand'chose, madame la baronne, qui puisse nous aider à deviner qui il est; il parle beaucoup pour ne rien dire, et semble se tenir sur ses gardes; il nous a seulement dit que des affaires importantes l'obligeaient de voyager avec la plus grande rapidité, et a semblé très-contrarié d'être obligé de s'arrêter ici, voilà tout.

— Ce n'est pas grand'chose; continuez à avoir soin de lui, et faites servir.

— Pardon, si madame la baronne le permet, j'achèverai ce que j'ai à lui dire.

— Vous n'avez donc pas terminé?

— Un mot seulement, madame la baronne.

— Dites promptement.

— Lorsque l'étranger s'est trouvé mieux, il nous a demandé à Johan et à moi qui nous étions; comme madame la baronne ne semble pas vouloir garder l'incognito, nous n'avons fait aucune difficulté pour dire à cet étranger que la maison dans laquelle il se trouve en ce moment est temporairement occupée par Mme la baronne de Steinfeld, dont nous avons l'honneur d'être les serviteurs.

— Vous avez bien fait, je n'ai aucun motif pour cacher qui je suis, et alors?

— En entendant le nom de madame la baronne, l'étranger a tressailli, et s'est écrié en donnant les marques de la plus vive surprise : Ah ! pardieu, voilà qui est singulier, la rencontre est étrange.

— Il a dit cela?

— Mot pour mot, madame la baronne.

— Voilà qui est singulier, en effet; est-ce tout?

— Pas encore, madame; je me suis alors permis de lui demander son nom et s'il connait ma noble maîtresse.

— Que vous a-t-il répondu?

— Il s'est mis à rire, en me disant : Peut-être, mon ami, et il a ajouté : Vous êtes curieux ; c'est un vilain défaut dont il faudra vous corriger; il a alors retiré un portefeuille de sa poche, a écrit quelques mots sur une page blanche qu'il a déchirée ensuite et qu'il m'a remise après l'avoir pliée d'une certaine façon, en me chargeant de la remettre à Mme la baronne.

— Et cette lettre, où est-elle?

— La voilà, madame la baronne, dit-il en la plaçant sur une assiette et la présentant respectueusement à sa maîtresse.

— Vous ne pouviez pas vous éviter tout ce verbiage et me remettre cette lettre tout de suite, dit-elle d'un ton de mauvaise humeur en la prenant.

— J'ai obéi à madame la baronne en lui donnant des renseignements qu'elle m'avait fait l'honneur de me demander.

La baronne haussa les épaules sans répondre et parcourut la lettre des yeux.

— En effet, murmura-t-elle à voix basse après avoir lu, voilà une rencontre bien étrange, et elle ajouta au bout d'un instant :

— Qui sait, peut-être est-ce Dieu qui me l'envoie ! Dans tous les cas, qu'il soit le bienvenu, j'aurai du malheur si je ne réussis pas à en tirer ce que je désire en savoir.

Elle demeura pensive pendant quelques instants, enfin elle releva la tête et aperçut le valet de chambre qui se tenait respectueusement courbé devant elle :

— Que faites-vous là? lui demanda-t-elle brusquement.

— J'attends les ordres de madame la baronne, répondit-il; madame la baronne a sans doute oublié de me dire si je devais servir le dîner.

— Je n'ai rien oublié ; priez cet étranger de monter ici, et introduisez-le immédiatement; quant au dîner, rien ne presse encore ; allez.

Le valet de chambre sortit.

— Voilà qui est singulier, reprit-elle dès qu'elle fut seule ; comment cet homme se trouve-t-il ici? Quel motif l'y amène? Quelque vilenie, quelque trahison, sans doute ! Nous verrons bien, ajouta-t-elle finement. Je l'entends qui monte ; à notre rôle, et surtout jouons serré; il n'est pas aussi rusé qu'il veut le paraître.

La porte s'ouvrit, et le valet de chambre parut, précédant l'étranger.

— Voici la personne que madame la baronne a désiré voir, dit le valet de chambre en s'effaçant pour laisser passer le voyageur.

Celui-ci entra; c'était M. Jeyer, ce banquier de Strasbourg que nous avons perdu de vue depuis son fâcheux entretien avec M. Hartmann, entretien à la suite duquel il avait été contraint, bien malgré lui, de faire un voyage très-désagréable en Hollande, ainsi que le lecteur doit se le rappeler.

— Sortez, dit la baronne au valet de chambre aussitôt que le banquier fut entré, mais tenez-vous à portée du timbre, j'aurai probablement bientôt besoin de vous.

Le valet de chambre salua silencieusement et se retira en fermant la porte derrière lui.

— Comment, c'est vous, cher monsieur Jeyer ! s'écria la baronne d'un ton de bonne humeur en lui tendant la main, je suis heureuse de vous voir.

— Et moi donc, madame la baronne, répondit-il en se penchant respectueusement sur la main qui lui était tendue et la baisant, certes, en arrivant ici, je ne m'attendais pas à faire une aussi agréable rencontre.

— Asseyez-vous là, près de la cheminée, vous devez avoir froid encore, si ce que l'on m'a dit de l'état où vous vous trouviez à votre arrivée est vrai, dit-elle en riant.

— J'étais littéralement gelé, madame la baronne, j'ai cru que je ne parviendrais pas à me réchauffer.

— Aussi quelle imprudence de se hasarder ainsi, seul, dans la montagne par un temps pareil !

— J'en conviens, madame, j'ai failli payer cher cette imprudence, et je m'en souviendrai ; j'ai été complètement trompé sur les distances, les lieues de montagne sont interminables.

— A qui le dites-vous, cher monsieur Jeyer, il m'est, à moi aussi, arrivé à peu près la même chose qu'à vous ; je me suis égarée et j'ai été fort heureuse de pouvoir me réfugier ici.

— Oui, madame la baronne, répondit-il en frémissant au souvenir de ce qu'il avait souffert, mais vous étiez, vous, dans une voiture bien fermée, vous souffriez à peine du froid, tandis que moi j'étais à cheval, c'est-à-dire à mule, recevant sans pouvoir l'éviter la neige sur tout le corps ; aussi étais-je glacé jusqu'aux os ; c'est grâce à l'instinct de ma mule que je dois d'être encore vivant ; pauvre bête, elle a été admirable de dévouement. Je ne sais pas comment elle a fait pour s'orienter dans cet immense désert de neige, mais aussitôt que je lui ai eu laissé la bride sur le cou, elle m'a conduit directement et sans hésiter ici ; comprenez-vous cela, madame la baronne? Quant à moi, un tel prodige me passe.

— Il ne vous est rien arrivé en cette circonstance que de très-naturel, cher monsieur Jeyer ; mais pour vous être hasardé ainsi, il faut que vous ayez des affaires très-pressantes.

— J'en ai de fort pressantes, en effet, madame la baronne ; mais vous-même, quelles raisons assez sérieuses ont pu vous obliger à voyager dans cette affreuse saison ; vous une femme du grand monde, délicate, habituée à toutes vos aises?

— Sans doute, cher monsieur Jeyer, les mêmes qui vous obligent à galoper par monts et par vaux sur une mule.

— C'est possible, madame la baronne, cependant je ne le crois pas.

— Comment, vous ne le croyez pas?

— Pardonnez-moi, madame la baronne, je veux dire que j'ai sans doute des motifs personnels que vous, je le suppose, vous ne pouvez avoir.

— Au fait, cela peut être ; je n'insiste pas, quant à présent du moins, fit-elle en souriant ; mais laissons cela, cher monsieur Jeyer.

— Tout à vos ordres, madame la baronne.

— Je suppose que depuis ce matin vous n'avez pas rencontré beaucoup d'auberges sur votre route.

— J'ai quitté à huit heures du matin Planche-les-Mines, un village situé à quelques lieues d'ici.

— Je le connais, j'y suis passée, interrompit-elle, et depuis votre départ de ce village?

— J'ai marché, madame la baronne, marché sans m'arrêter jusqu'à cette maison, où j'ai eu le bonheur de vous rencontrer.

— Ce qui veut dire, en bon allemand, que vous êtes à jeun.

— Complétement, je vous l'avoue, madame la baronne, et, au risque de vous paraître un être grossier et matériel, j'ajouterai que maintenant que je suis complétement remis, mon appétit s'est réveillé dans des conditions tout à fait formidables.

— Avouez, cher monsieur Jeyer, ne vous gênez pas, fit-elle en riant, je trouve cela tout à fait naturel, et la preuve, c'est que moi qui n'ai pas, j'en conviens, un appétit aussi formidable que le vôtre, ainsi que vous pouvez le voir par cette table toute dressée, j'allais me mettre à table précisément au moment où vous êtes arrivé.

— Je suis réellement désolé, madame la baronne, que ma présence vous ait empêchée...

— Pas d'excuse, cher monsieur Jeyer, je me félicite au contraire d'avoir attendu jusqu'à présent, puisque cela me permet de vous offrir de partager mon modeste dîner.

— Madame, je suis confus...

— Allons, pas de cérémonies entre nous, cher monsieur Jeyer, nous ne sommes pas ici dans des conditions normales, nous sommes tout simplement deux voyageurs que le hasard a réunis et qui mettent en commun ce qu'ils possèdent.

— C'est que je ne possède rien que mon appétit en ce moment, madame la baronne, fit-il avec un gros rire.

— Bah! cela suffira pour aujourd'hui, un autre jour vous prendrez votre revanche; acceptez mon invitation aussi franchement que je vous la fais, d'ailleurs je vois que vous en mourez d'envie.

— Je l'avoue, madame, j'ai grand'faim, et si...

— Voilà qui coupe court à tout refus, c'est convenu, nous dînons ensemble.

— Puisque vous êtes assez bonne pour insister, madame la baronne, je ne résisterai pas davantage, j'accepte avec joie l'honneur que vous daignez me faire.

— A la bonne heure, je savais bien que je réussirais à vous convaincre.

— Vous êtes irrésistible, madame la baronne.

— Flatteur, fit-elle en souriant; à propos, vous parlez anglais, je crois.

— Un peu, oui, madame la baronne, répondit-il avec une feinte modestie.

— Très-bien, je suis sûre de mes gens, ils sont honnêtes et dévoués, mais malheureusement, de même que tous les domestiques, ils ont le défaut d'être très-curieux, et comme il est probable que dans le cours de notre conversation nous aurons à nous dire des choses qu'il est inutile qu'ils entendent, si cela ne vous est pas trop désagréable, nous parlerons anglais; qu'en pensez-vous?

— Vos désirs sont des ordres pour moi, madame la baronne.

— Alors, voilà qui est entendu, vous vous appelez Lippmann.

— Vous pensez à tout, madame la baronne.

— Une indiscrétion est vite commise et peut amener un malheur irréparable, dans la situation où nous sommes vous et moi, cher monsieur Jeyer; vous le savez, la prudence portée à l'excès est la première condition de la sûreté; peut-être est-il nécessaire pour la réussite de ces affaires dont vous m'avez parlé que vous gardiez le plus strict incognito?

— C'est en effet mon désir, madame la baronne.

— Alors tout est bien, fit-elle en riant; maintenant dînons.

— Dînons, madame la baronne, dit-il en se frottant joyeusement les mains.

La baronne appuya un doigt sur le timbre. La porte s'ouvrit aussitôt, et le valet de chambre parut aussitôt sur le seuil.

— Monsieur Julius, lui dit sa maîtresse, vous ajouterez un couvert pour

M. Lippmann, il me fait l'honneur de dîner avec moi; Lilias servira; vous donnerez l'ordre à Johann de prendre soin de la mule de monsieur; quant à vous, vous choisirez parmi toutes les chambres qui sont disponibles dans cette maison celle qui vous semblera la moins dégradée, vous y allumerez un bon feu et vous la préparerez pour M. Lippmann qui a l'intention de passer la nuit dans ce village, le mauvais temps ne lui permettant pas de se remettre en route ce soir; d'ailleurs, il fait nuit; allez.

Le valet de chambre se hâta d'obéir, il mit un second couvert, puis il se retira; un instant plus tard la porte se rouvrit et Lilias la jeune servante entra apportant le potage.

Cette Lilias avait vingt ans à peine, elle était admirablement faite, jolie, fraîche, avec une physionomie mutine, des yeux éveillés et des dents magnifiques; de plus, ce qui ne gâtait rien, elle était entièrement dévouée à Mme la baronne de Steinfeld, qui, bien qu'elle n'eût qu'une dizaine ou une douzaine d'années de plus qu'elle, était sa marraine, et qu'elle n'avait pour ainsi dire jamais quittée depuis sa naissance; nous ajouterons que Lilias avait assisté aux leçons de tous les professeurs de sa marraine, que par conséquent elle avait reçu une éducation fort au-dessus de la modeste position qu'elle occupait, qu'elle connaissait plusieurs langues, entre autres l'anglais, qu'elle parlait fort couramment; ce n'était donc pas contre elle que Mme de Steinfeld avait voulu prendre des précautions; quel était donc le but que se proposait Mme de Steinfeld en invitant M. Jeyer à parler anglais et en choisissant précisément pour choisir à table Lilias, qui seule de ses gens comprenait cette langue? C'est ce que la baronne gardait au fond de son cœur.

— A table! cher monsieur Jeyer, dit-elle gaiement, dès que le potage fut servi.

Lilias ne put retenir un mouvement d'étonnement surpris à la dérobée par le banquier.

— Bon, se dit-il à part lui, se méprenant tout naturellement au mouvement de la jeune fille; voilà ma petite curieuse toute déroutée, elle comptait bien savoir sans doute ce que nous dirions.

Le repas commença, il fut d'abord assez silencieux. M. Jeyer mourait littéralement de faim; il mangeait comme un loup, et buvait comme un templier; Mme de Steinfeld le regardait en souriant s'escrimer contre les plats, fort copieux du reste, et très-bien assaisonnés, avec une vigueur que rien ne semblait devoir ralentir; cependant les plus féroces appétits finissent par s'assouvir, il arriva un moment où le banquier, sa première faim étant apaisée, comprit que son silence ne pouvait durer davantage sans impolitesse; il songea à s'excuser.

— Pardonnez-moi ma gloutonnerie, madame la baronne, dit-il en reposant vide sur la table le verre qu'il venait de vider, je suis réellement honteux de manger ainsi. Vous devez trouver, vous qui touchez à peine du bout de vos dents ravissantes aux mets placés devant vous, que je me conduis comme un homme sans éducation, tranchons le mot, comme un rustre.

— Nullement, cher monsieur Jeyer; je comprends que vous ayez gagné de l'appétit pendant votre pénible course dans la montagne, et je trouve tout naturel que, assis devant une bonne table assez bien garnie, vous satisfassiez cet appétit.

— Merci, madame, vous avez une admirable façon de tourner les choses; mais comment se fait-il que dans ce désert vous soyez en mesure de vous faire servir de si splendides repas?

— Ne plaisantez point, ce repas n'est pas ce qu'il aurait été si je me fusse attendue à vous avoir pour convive, cher monsieur Jeyer; quant à la façon dont je me le suis procuré, cela n'a rien qui doive vous surprendre; vous savez mieux que personne combien je suis contrainte à voyager. Ma vie, depuis plusieurs mois, se passe sur les grands chemins, je prends mes précautions en conséquence ; ma voiture est grande, commode, munie de coffres spacieux, ce qui fait que j'emporte toujours avec moi tout ce qui peut m'être nécessaire quand je ne veux pas m'arrêter dans un village ou une ville, ou lorsque je suis obligée, comme aujourd'hui, par exemple, de me réfugier, à cause d'obstacles imprévus, dans un endroit où il me serait impossible de me procurer un verre d'eau.

— Je profiterai de la leçon que vous me donnez, madame la baronne ; je vous jure que je prendrai des précautions à l'avenir, afin de ne plus me trouver dans une situation aussi critique : je sais trop bien ce que mon imprudence a failli me coûter.

— Rien de tel que l'expérience, cher monsieur Jeyer, fit-elle en riant ; vous aurez raison de prendre vos précautions, mais voici le dîner à peu près terminé : Lilias dispose le dessert. Voici, je crois, le moment venu de causer entre la poire et le fromage de nos affaires particulières : qu'en pensez-vous ?

— Je ne demande pas mieux, madame la baronne ; rien ne couronne mieux un dîner aussi excellent que celui que nous venons de faire, qu'une bonne causerie ; sur l'honneur, je puis bien l'avouer maintenant, madame la baronne, je tombais d'inanition ; cet admirable repas m'a fait un bien extrême, il m'a complétement métamorphosé ; je me trouve maintenant un tout autre homme, mes idées sont plus claires, plus nettes et surtout plus gaies ; ce que c'est que de nous, cependant ! et quelle immense influence la matière possède sur le moral !

— De la philosophie, cher monsieur Jeyer ?

— Oh ! rassurez-vous, madame la baronne, je n'en abuserai pas ; cela ne m'arrive que très-rarement, parfois après un bon dîner ; ce soir je suis heureux, très-heureux. La journée, si mal commencée, finit comme un rêve des *Mille et une Nuits* ; il ne me manque plus...

— Que du café et des cigares, interrompit-elle en souriant. Rassurez-vous, cher monsieur Jeyer ; ces deux compléments, indispensables à tout repas un peu convenable, viendront à leur heure.

— Décidément, madame la baronne, vous me comblez ; je ne sais réellement...

— Vous plaisantez, mon cher monsieur Jeyer ; je ne fais que remplir du mieux qu'il m'est possible mes devoirs de maîtresse de maison, voilà tout ; après cela, qui sait, ajouta-t-elle avec un délicieux sourire, peut-être ai-je l'intention de vous séduire !

— Quant à cela, madame la baronne, c'est fait ; je m'avoue vaincu à l'avance : vous voyez en moi un esclave prêt à vous obéir en tout ce qu'il vous plaira de lui ordonner.

— Oh ! je ne serai pas exigeante....

— Vous aurez tort, car vous êtes en droit de tout exiger.

— Savez-vous que j'ai été très-inquiète sur votre compte ?

— Comment cela, madame la baronne ?

— Voilà un temps infini que je n'ai entendu parler de vous ; tout le monde ignorait ce que vous étiez devenu.

— Ah ! ah ! fit-il en rougissant légèrement.

— Mon Dieu oui, et sans M. de Poblesko, j'ignorerais encore les événements désastreux dont vous avez été victime.

— Vous avez vu M. de Poblesko ?

— Il y a quinze jours environ.

— Et il vous a dit ?

— Tout.

— C'est singulier ; je l'ai vu, moi, il y a une douzaine de jours, c'est-à-dire après votre entrevue avec lui, et il ne m'a pas ouvert la bouche de ce qui s'était passé entre vous, madame la baronne.

— Cela n'a rien d'étonnant, cher monsieur Jeyer ; M. de Poblesko, vous l'avez sans doute remarqué depuis longtemps déjà, est fort discret, ou plutôt fort dissimulé ; il est dévoré d'ambition, et, autant que cela lui est possible, il s'attribue en haut lieu, sans la

Les réfugiés alsaciens écoutent le liseur de nouvelles.

moindre vergogne, bien souvent des succès dans lesquels il n'a eu qu'une part fort médiocre.

— Il y a beaucoup de vrai dans ce que vous dites là, madame la baronne.

— Je le crois bien; tenez, je ne vous citerai qu'un fait : les francs-tireurs d'Altenheim, ces démons incarnés par qui toutes les forces prussiennes ont été mises sur les dents sans jamais réussir à les surprendre et à les détruire, avaient trouvé un refuge formidable au milieu des montagnes.

— Je connais ce refuge, j'y ai été conduit malgré moi par ces démons, qui avaient eu l'audace de m'enlever en plein Strasbourg.

— Oui, je sais; ils vous ont fait payer une rançon énorme.

— Hélas! oui, madame la baronne; mais je me vengerai, je vous le jure, et cette vengeance sera terrible ; toutes mes mesures sont prises ; cette fois, ces misérables ne m'échapperont pas.

— Moi aussi je veux me venger.

— Vous, madame la baronne?

— Ignorez-vous que j'ai failli être fusillée par ces bandits; qu'ils m'ont tout pris et ont poussé la cruauté jusqu'à pendre devant moi ce pauvre baron de Brisgaw?

— C'est juste! Pauvre baron, il n'a pas eu de bonheur, un si gai compagnon!

— Ils l'ont pendu.

— Que Dieu ait son âme; mais revenons, s'il vous plaît, madame la baronne, à M. de Poblesko.

— Votre enlèvement et celui de M. de Poblesko causèrent un scandale énorme à Strasbourg ; nos généraux étaient furieux, mais ils ne savaient que faire ; je me présentai au général von Werder et je lui offris, moi, de découvrir cette retraite introuvable des francs-tireurs.

— Et vous avez réussi sans doute, madame la baronne?

— Oui, cher monsieur Jeyer; ma haine aiguisait mon intelligence; en cinq ou six jours à peine, j'appris tout ce que je voulais savoir; je communiquai alors mes renseignements à M. de Poblesko...

— Et il se les appropria, interrompit vivement le banquier.

— Oui, il eut ainsi tout l'honneur de la découverte, fut félicité et récompensé, tandis que moi, lorsque je voulus donner des explications, on me rit au nez; mais cette trahison de M. de Poblesko envers moi n'aboutit pas au résultat que l'on en attendait ; les francs-tireurs, qui, sans doute, avaient des soupçons, s'étaient prudemment mis en retraite.

— De sorte que lorsqu'on eut cerné cette partie de la montagne...

— On ne trouva plus personne ; ils avaient disparu sans laisser de traces ; les ruines mêmes qu'ils avaient si longtemps occupées étaient complétement bouleversées et rendues impraticables.

— Je suis charmé de ce résultat pour M. de Poblesko; et les francs-tireurs?

— Vous savez bien qu'on les poursuit chaudement, et que d'ici à un jour ou deux, grâce aux mesures qui ont été prises, on espère en finir avec eux; ne faites donc pas de diplomatie avec moi, cher monsieur Jeyer ; croyez-moi, je suis au moins autant que vous-même au courant de ce qui se passe.

— Belle dame...

— Il ne s'agit pas ici de galanterie, mais d'affaires, et d'affaires sérieuses. Voulez-vous m'aider dans ma vengeance afin que je vous aide dans la vôtre? Je suis prête à y consentir, et cette fois nous réussirons, c'est moi qui vous l'affirme: les femmes sont plus fortes que les hommes, sachez-le bien, quand il s'agit de se venger.

— C'est vrai, madame la baronne. Eh bien ! soit, parlez; que faut-il faire pour cela?

— Cesser de tergiverser et jouer cartes sur table.

— Je ne demande pas mieux.

— Où allez-vous?

— A Giromagny.

— Et de là?

— Je l'ignore, cela dépendra des événements.

— Où se trouve en ce moment M. de Poblesko?

— Au milieu même des ennemis ; ne le saviez-vous pas, madame la baronne?

— Allons, je vois que cette fois vous parlez avec franchise ; eh bien, puisqu'il en est ainsi, je vous le répète, nous réussirons, non-seulement à nous venger de ceux que nous haïssons, mais encore de M. de Poblesko, qui, jusqu'à présent, nous a constamment joués, et s'est servi de nous comme de marchepieds pour s'élever à la fortune et aux honneurs qu'il ambitionne. Regardez ceci, ajouta-t-elle en lui montrant une lettre renfermée dans une enveloppe d'un assez grand format qu'elle retira de son sein.

— L'écriture de M. le comte de Bismark ! s'écria-t-il avec un étonnement profond.

— Oui, et qui me donne plein pouvoir.

— Parlez, madame, ordonnez, je suis à vous corps et âme.

— Voilà comme je voulais vous voir ; nous, allons jouer la dernière partie, il s'agit pour vous de regagner ce que vous avez perdu.

— Je vous obéirai, je le jure.

— Et vous serez discret ?

— Comme la tombe.

— C'est bien, j'y compte ; vous voyez que la journée finit pour vous mieux encore que vous ne le supposiez ; il se fait tard, retirez-vous, demain je vous donnerai vos instructions définitives.

— Je les suivrai strictement, quoi qu'il puisse arriver, répondit-il en se levant.

— J'y compte ; dormez, la nuit porte conseil, à demain.

Elle appuya le doigt sur le timbre, le valet de chambre parut.

— Éclairez, dit-elle.

M. Jeyer baisa respectueusement la main de la baronne et se retira précédé par le domestique qui portait un candélabre devant lui.

— Cette fois je le tiens, fit-elle, dès qu'elle fut seule avec Lilias ; moi aussi je crois que je réussirai si Dieu me vient en aide !

Puis elle ajouta au bout d'un instant :

— Petite, aide-moi à me mettre au lit ; cette nuit tout me présage un bon sommeil.

V

PERFIDE COMME L'ONDE.

Lorsque la baronne se fut mise au lit, elle appela d'un geste Lilias auprès d'elle et lui parla pendant deux ou trois minutes à l'oreille, mais si bas que ce fut à peine si la jeune fille entendit ; lorsque sa marraine se tut, Lilias se redressa et sortit de la chambre après avoir fait de la tête un geste d'assentiment ou plutôt d'obéissance.

Demeurée seule, la baronne prit un livre posé sur la table au chevet de son lit, l'ouvrit, plaça le coude sur l'oreiller, la tête dans la main, et lut.

L'absence de Lilias fut longue : elle dura près d'une heure, lorsqu'elle rentra elle souriait.

La baronne interrompit sa lecture et relevant la tête :

— Eh bien ? demanda-t-elle.

— Monsieur Jeyer a été conduit par Julius dans une chambre située à l'étage au-dessus de celui-ci, la fenêtre de cette chambre donne sur une cour.

— Très-bien, fillette, après ?

— J'ai exécuté vos ordres, marraine ; avant de se coucher, M. Jeyer a demandé à se rafraîchir ; Julius lui a préparé un grog, ou, pour être vrai, le grog a été préparé par moi, de la façon que vous m'avez recommandée, et c'est Julius qui le lui a porté.

— Continue, fillette, jusqu'à présent tout cela est très-bien. Je suis contente de toi ; que fait M. Jeyer maintenant ?

— Après avoir posé ses revolvers sur une table à portée de sa main, M. Jeyer a fermé le mieux qu'il a pu la porte de sa chambre, dont la serrure a été enlevée, puis il s'est débarrassé de ses vêtements les plus gênants, a bu le grog jusqu'à la dernière goutte, s'est enveloppé dans une couverture et s'est jeté tout habillé sur le lit ; maintenant il dort profondément.

— Bravo, fillette, est-ce tout ?

— Dame, oui, marraine.

— Les domestiques, que font-ils ?

— Ils veillent dans la cuisine, assis auprès du feu, buvant et fumant.

— Il ne faut pas qu'ils s'enivrent.

— Ils me l'ont promis.

— Quel temps fait-il? Neige-t-il toujours?

— Non, marraine, la neige a cessé, le vent est tombé complétement; le ciel est semé d'étoiles, la nuit est claire, mais le froid a redoublé.

— Tu as bien recommandé aux domestiques de ne pas se coucher?

— Oui, marraine, il y en aura toujours un d'éveillé, l'autre dormira sur une chaise.

— Parfait, fais ton lit dans cet angle du mur et couche-toi, fillette; seulement ne te déshabille pas complétement, tu m'entends; surtout, n'oublie pas de fermer la porte de la chambre.

— Est-ce que vous craignez quelque chose, marraine?

— Dans un endroit comme celui où nous nous trouvons, fillette, il est prudent de se tenir toujours sur ses gardes; on ne sait pas ce qui peut survenir d'un instant à l'autre lorsqu'on y pense le moins. Hâte-toi de te coucher, fillette; quant à moi je vais dormir.

— Bonsoir, marraine.

— Embrasse-moi, et bonne nuit, fillette.

La baronne ferma son livre, le posa sur la table et ferma les yeux.

La jeune fille prépara tout pour son coucher, ferma la porte en dedans, souffla les bougies, et ainsi que le lui avait recommandé sa marraine, elle se jeta presque complétement habillée sur son lit.

La chambre n'était plus éclairée que par la lueur intermittente des flammes du foyer; un silence profond, que nul bruit ne venait troubler, régnait au dehors.

Dans la maison tout le monde dormait ou semblait dormir.

La nuit, dans les campagnes, on entend parfois le chant des coqs annonçant les heures matinales, les abois des chiens hurlant à la lune, l'heure sonnant à un clocher lointain, enfin ces bruits indistincts, inexplicables, produits par la ruche humaine endormie, mais qui dénotent la vie; mais dans ce village abandonné, au milieu de ce désert de neige, où nul être humain n'était resté sauf dans une seule maison, le silence était de plomb, lugubre, sinistre et ressemb'ait à celui du tombeau.

Plusieurs heures s'écoulèrent ainsi, dans un calme et un repos absolus; cependant vers trois heures du matin, le pétillement d'une allumette retentit dans la chambre occupée par Mme la baronne de Steinfeld.

— Est-ce que vous êtes indisposée, marraine? demanda aussitôt la voix aux notes mélodieuses de la gentille Lilias avec un vif accent d'intérêt.

— Pas le moins du monde, fillette, répondit la baronne en allumant les unes après les autres les bougies du candélabre posé sur sa table, mais j'ai assez dormi et je vais me lever.

Lilias était déjà debout, et complétement vêtue.

— Aide-moi, lui dit sa maîtresse.

La jeune fille obéit, puis elle ranima le feu presque éteint et qui bientôt lança de joyeuses gerbes de flamme.

— Va faire un tour à la cuisine et dis à Johann de donner l'avoine aux chevaux.

La jeune fille sortit, la baronne acheva de s'habiller, puis elle s'enveloppa frileusement dans les plis d'un cachemire.

— Te voilà déjà? dit-elle à Lilias qui rentrait, comment as-tu trouvé nos deux hommes?

— En parfait état, marraine, ils ont dormi à tour de rôle et sont frais et dispos.

— Tu sais où se trouve la chambre de M. Jeyer?

— Oui, marraine.

— Est-il possible de s'y rendre sans être vu par nos gens?

— C'est très-facile, marraine.

— Alors, conduis-moi.
— Sans lumière ?
— Certainement, est-ce que la nuit n'est pas assez claire pour qu'il nous soit facile de nous diriger ?
— Oh ! si, marraine, la lune éclaire comme en plein jour.
— Viens, ne perdons pas de temps.

Elles sortirent, se glissant silencieuses et effrayées à travers les corridors sombres, comme deux souris gourmandes trottinant à la recherche de leur souper.

Après avoir monté un escalier assez raide, et traversé un long corridor sur lequel à droite et à gauche s'ouvraient plusieurs portes entre-bâillées pour la plupart, Lilias s'arrêta devant une dernière, fermée celle-là, et derrière laquelle on entendait gronder des ronflements sonores.

— Notre ami dort bien, dit la baronne avec un sourire ironique.
— Oh ! il n'y a pas de danger qu'il s'éveille, répondit la jeune fille avec un rire perlé.
— Chut ! fit sa maîtresse, entrons.

Elles poussèrent la porte, mais celle-ci résista.
— S'est-il donc enfermé ? dit la baronne avec dépit.
— Non, marraine, il n'y a pas de serrure ; il a placé quelque chose derrière la porte pour la maintenir, essayons encore.
— Essayons.

Elles firent de nouveaux efforts, cette fois la porte céda, lentement d'abord, puis tout à coup brusquement, et un bruit assez fort se fit entendre ; c'était la barre que M. Jeyer avait placée pour maintenir la porte, qui tombait avec fracas sur le parquet.

Les deux femmes se blottirent effrayées dans l'endroit le plus obscur du corridor, le cœur palpitant et l'oreille tendue.

Mais leur crainte était exagérée, les ronflements continuaient aussi sourds ; il fallait que le sommeil du banquier fût réellement bien fort pour qu'il ne se fût pas réveillé à un pareil vacarme.

Les deux femmes, entièrement rassurées, se rapprochèrent sur la pointe du pied et pénétrèrent dans la chambre.

M. Jeyer s'était jeté tout habillé sur le lit de paille qu'on lui avait préparé ; le manteau dans lequel il s'était enveloppé s'était dérangé ; sous son gilet, à demi déboutonné, on apercevait une partie de la large ceinture de cuir qui lui serrait les reins.

La baronne sourit d'un air satisfait.
— Aide-moi, petite, dit-elle à la camériste.
— Que faut-il faire, marraine ?
— Soulever doucement le haut du corps de cet homme.
— Mais s'il s'éveille ?
— Il ne s'éveillera pas ; hâtons-nous, reprit-elle d'une voix brève.

La jeune fille obéit ; M. Jeyer était gros et fort ; ce ne fut que très-difficilement que Lilias parvint à le soulever un peu.

Sans perdre de temps la baronne dégrafa la ceinture et la cacha sous son châle.

Lilias reposa doucement le dormeur dans sa première position sans que celui-ci eût un seul instant interrompu ses ronflements.

— C'est égal, murmura l'espiègle jeune fille, ce brave monsieur fait en ce moment un singulier rêve sans s'en douter.

Pendant ce temps, la baronne fouillait dans le paletot du banquier, posé sur une chaise, et en retirait un large portefeuille.

— Prends ce candélabre et viens, dit-elle à Lilias.

Elles sortirent et repoussèrent doucement la porte.

— Entrons dans cette chambre, reprit la baronne en désignant la plus rapprochée de celle occupée par le banquier ; allume une bougie.

La porte poussée, la bougie allumée et posée sur la cheminée, la baronne ouvrit le portefeuille, visitant les papiers les uns après les autres avec la plus sérieuse attention.

— Il n'y a rien, dit-elle d'un ton de mauvaise humeur en plaçant le portefeuille à côté d'elle sur la cheminée ; voyons la ceinture, là sans doute je trouverai ce que je cherche.

Cette ceinture renfermait de l'or, des papiers et des liasses de billets de banque.

— Cet homme est une véritable tonne d'or, murmura-t-elle, il porte sur lui pour plus de deux millions de valeurs, à qui peut-il avoir volé tout cela ? Quelle horrible sangsue !

Tout en parlant ainsi, elle dépliait les papiers et les examinait. Cette fois, ses recherches ne furent pas longues, et obtinrent un succès complet ; la baronne choisit quatre papiers qu'elle cacha aussitôt dans son sein avec une joie indicible et qui, sans doute, avaient pour elle une grande importance.

— Le bonhomme est fin, si rustre qu'il soit, murmura-t-elle, la cachette était bien choisie, et certes nul ne l'aurait devinée à moins de faire ce que j'ai fait ; maintenant, quoi qu'il arrive, je le tiens ; ce n'est plus à moi mais à lui seul de trembler.

La baronne remit alors et billets et papiers dans leur ordre primitif, puis elle referma la serrure et replaça la clef dans le portefeuille.

— Là ! voilà qui est fait, dit-elle, éteins la bougie, petite, et retournons achever ce que nous avons si bien commencé.

Elles quittèrent alors la chambre et se dirigèrent vers celle du banquier, où elles entrèrent.

Celui-ci dormait toujours aussi profondément.

— Voilà un rude sommeil, murmura la fillette en reposant le candélabre à l'endroit où elle l'avait pris, tandis que la baronne replaçait le portefeuille dans la poche du paletot ; il sera joliment fatigué d'avoir si bien dormi quand il s'éveillera.

Le premier soin de la baronne, en rentrant dans sa chambre, fut de cacher les précieux papiers dont elle s'était si heureusement emparée, de façon que nul, excepté elle, pût les trouver ; ce soin accompli, elle s'assit près du feu pour se réchauffer, car elle avait grand froid.

Elle fit sonner sa montre, il était cinq heures et demie, ses recherches avaient duré plus de deux heures.

— Fillette, dit-elle, lorsque tu auras replié le lit et remis un peu d'ordre ici, tu t'occuperas du déjeuner, n'est-ce pas ?

— Est-ce que vous comptez quitter le village aujourd'hui, marraine ?

— Certes, mon enfant, est-ce que tu t'amuses, ici, toi ?

— Moi, oh non ! marraine, pas le moins du monde.

— Alors, hâte-toi de nous faire à déjeuner, je veux partir de bonne heure ; dis aux domestiques de tout emballer ; mais, d'abord, je vais un peu réparer le désordre de ma toilette ; va, mignonne.

Sa toilette terminée, elle sonna ; il était sept heures passées ; le valet de chambre parut.

— Est-ce que M. Lippmann est éveillé ? demanda-t-elle.

— Je ne l'ai pas encore entendu, madame.

— Enlevez ce lit et tout ce qui n'est plus nécessaire ici ; nous partons après déjeuner.

Lorsque le valet de chambre eut tout emporté et tout emballé, il rentra.

— A quelle heure madame la baronne désire-t-elle déjeuner ? demanda-t-il.

— Le déjeuner est-il prêt ?

— Oui, madame la baronne.

— Bien ! A propos, M. Lippmann est-il éveillé ?

— Je ne crois pas, madame la baronne.

— C'est singulier! Quelle heure est-il donc? ajouta-t-elle en regardant sa montre, véritable chef-d'œuvre de Janisset; près de neuf heures et il dort encore; allez, je vous prie, l'éveiller de ma part, et surtout, afin qu'il se hâte, dites-lui que je l'attends pour me mettre à table; vous ne servirez que lorsqu'il sera arrivé; allez.

Le domestique sortit.

— Voilà un bon sommeil; c'est égal, je crois que cette espiègle de Lilias avait fait la dose un peu forte, dit-elle avec un malin sourire dès qu'elle se trouva seule.

Près d'une demi-heure s'écoula sans que M. Jeyer parût.

La baronne commençait à s'inquiéter sérieusement et elle allait sonner pour s'informer, lorsque enfin il entra dans la chambre.

Le banquier était pâle, défait, il avait les yeux cernés et ne semblait pas encore complétement éveillé, il ne dissimulait qu'à grand'peine derrière sa main les bâillements qui à chaque instant lui disloquaient la mâchoire.

— Mais arrivez donc, cher monsieur Jeyer, lui dit-elle en riant et en lui tendant la main que le banquier baisa respectueusement; quel enragé dormeur vous faites! nous sommes tous ici levés depuis six heures du matin, tandis que vous, vous dormez comme un loir sans vous inquiéter de rien.

— Vous êtes charmante, madame la baronne, répondit-il en s'asseyant à la place que lui indiquait Mme de Steinfeld; je vous avoue que je ne comprends rien à ce qui se passe en moi; je ne suis pas dormeur de ma nature, et un sommeil prolongé, au lieu de me reposer, m'a fatigué considérablement : je suis rompu.

— Cela n'a rien que de très-naturel, cher monsieur Jeyer, après votre accident d'hier, vous deviez vous y attendre; la réaction s'est opérée, voilà tout. Ce malaise n'est rien; il disparaîtra bientôt. Soyez tranquille, le déjeuner vous remettra complétement.

Le déjeuner commença, il était appétissant et du meilleur goût.

Les prévisions de la baronne se réalisèrent, le malaise du banquier céda devant l'appétit formidable dont celui-ci faisait preuve, quelques verres de bon vin achevèrent sa guérison.

— Ah! fit-il en respirant comme un phoque, je me sens beaucoup mieux, madame la baronne, je renais littéralement à la vie, et il vida gaiement son verre. En vérité, je vous dois la vie; me voici votre débiteur éternel, et je crains bien malheureusement que je ne pourrai jamais m'acquitter envers vous, à moins que le ciel ne prenne pitié de moi et me permette à mon tour de vous rendre un grand service.

La baronne éclata d'un rire franc et légèrement moqueur.

— Ainsi, cher monsieur Jeyer, dit-elle, vous souhaitez qu'il m'arrive mal, afin de vous acquitter envers moi du service prétendu que je vous ai rendu.

— Oh! loin de moi cette pensée, madame la baronne, je disais seulement...

— Tenez, franchement, je crois que vos paroles ont trompé votre pensée et que vous ne savez pas beaucoup ce que vous dites en ce moment, fit-elle gaiement.

— Il y a un peu de cela, je l'avoue, madame la baronne.

— Eh bien, rassurez-vous, puisque vous tenez tant à vous montrer reconnaissant envers moi, peut-être l'occasion vous en sera-t-elle offerte plus tôt que vous ne le supposez.

— Dieu le veuille, madame! Est-ce que vous craindriez...

— Moi! interrompit-elle vivement, je ne crains rien ; mais qui peut prévoir l'avenir, surtout à l'époque de bouleversements où nous sommes? Vous savez qu'aussitôt après le déjeuner je quitte le village?

— Telle est aussi mon intention, madame la baronne.

— Alors, cher monsieur Jeyer, nous allons nous séparer.

— Comment, nous séparer, madame la baronne, est-ce que nous ne suivons pas la même route?

— Je ne crois pas, dit-elle avec un accent singulier.

— Comment cela?

— Mais tout simplement parce que nous nous tournons le dos.

— Vous n'allez donc pas du côté de l'Allemagne?

— D'où vous vient cette pensée?

— Dame! cela me semblait ainsi, excusez-moi, madame la baronne.

— Oh! je vous comprends, cher monsieur Jeyer, je sais le motif de cette insinuation.

— Une insinuation, madame la baronne! s'écria-t-il en se redressant.

— Parfaitement, cher monsieur Jeyer; vous oubliez toujours que nous sommes convenus de jouer cartes sur table, il n'y a que moi qui suis franche.

— Je ne comprends pas, balbutia-t-il.

— Non? fit-elle avec un sourire aigu; eh bien, qu'à cela ne tienne, je m'expliquerai si cela peut vous être agréable.

— Je vous en prie humblement, madame la baronne.

— Un certain auteur français, homme de beaucoup d'esprit, nommé, je crois, Beaumarchais, a dit il y a quelque soixante-dix ou quatre-vingts ans, un mot d'une vérité terrible : Calomniez, calomniez, il en restera toujours quelque chose. Me comprenez-vous maintenant, cher monsieur Jeyer?

— Non, madame la baronne, je vous le jure.

— Alors, je veux être claire, ou plutôt explicite : j'ai été odieusement, indignement calomniée, cher monsieur Jeyer.

— Vous, madame la baronne, s'écria-t-il en joignant les mains, c'est impossible.

— Merci, fit-elle avec ironie; mais le fait est vrai, j'ai été calomniée; par qui? je l'ignore, ou plutôt je veux l'ignorer, ajouta-t-elle avec intention; du reste, je ne me plains pas, c'était de bonne guerre; et puisque nous sommes aux confidences sincères, je ne veux rien vous cacher.

Les confidences mutuelles durèrent une heure.

La baronne savait tout ce qu'elle avait intérêt à connaître.

Quant à Jeyer, il fut berné de la plus agréable façon.

Quelques instants après, le banquier prenait congé de la baronne et lui recommandait une dernière fois ses intérêts.

— Vous entendrez bientôt parler de moi, cher monsieur Jeyer, lui dit-elle avec un accent singulier et un sourire étrange, en le quittant sur le seuil de sa chambre à coucher.

Le banquier tressaillit involontairement; il sentit un soupçon traverser son esprit et regarda la baronne, elle souriait de son sourire le plus séduisant; le soupçon disparut, il s'inclina et sortit.

Dix minutes plus tard, il quittait la vieille auberge si gaie, si bien achalandée, il y a quelques mois à peine, et aujourd'hui presque abandonnée...

VI

LE PETIT GARS ET LILIAS.

Cinq heures du matin sonnaient à un clocher lointain; le bruit de l'airain, répercuté par les échos des mornes et porté sur l'aile humide de la brise nocturne, venait mourir sur l'un des sites les plus pittoresques et les plus grandioses du ballon d'Alsace, éclairé comme en plein jour par les pâles rayons de la lune, qui s'inclinait à l'horizon, nageant au milieu d'un flot de vapeurs.

La vieille auberge si gaie, si bien achalandée (page 61).

A peine la dernière vibration du dernier coup de cinq heures achevait de s'éteindre, que le cri de la chouette se fit entendre sous le couvert; ce cri fut aussitôt répété dans plusieurs directions; on eût cru que toutes les chouettes endormies dans la forêt s'étaient éveillées à la fois et s'appelaient les unes les autres; puis, après un instant, un léger froissement se fit dans les halliers, et un homme revêtu d'un costume de franc-tireur et tenant un fusil à la main, déboucha dans une clairière assez étroite, enfouie pour ainsi dire au milieu d'épais fourrés de verdure qui, s'étendant à une assez grande distance, lui formaient une espèce de rempart, inaccessible à tout regard indiscret.

Derrière le premier franc-tireur un deuxième parut, puis un troisième et bientôt d'autres écartèrent les buissons de différents côtés et pénétrèrent à leur tour dans la clairière, le doigt sur la gâchette du fusil, l'œil et l'oreille au guet, si bien qu'au bout de cinq ou six minutes à peine, une quinzaine de gaillards à l'air déterminé se trouvèrent groupés autour de celui dont nous avons parlé d'abord et qui portait les galons de sergent cousus sur ses manches.

— Sommes-nous tous là? demanda le sergent.

— Oui, monsieur Petrus, répondirent-ils tous ensemble, mais d'une voix contenue.

— Il ne manque que le Loup-Garou, ajouta l'Amoureux.

— Oh! celui-là ne m'inquiète pas, reprit Petrus, il saura bien nous rejoindre quand cela lui plaira; avant tout, mes gars, faites-moi une visite exacte du charmant lieu de délices où notre ami Loup-Garou nous a si adroitement conduits; fouillez tous les buissons et tous les taillis avec le plus grand soin; on ne se figure pas ce qui peut se cacher dans un roncier; souvenez-vous que si un proverbe assure que les murs ont des oreilles, un autre affirme que les feuilles ont des yeux; ainsi, attention!

Les francs-tireurs se mirent immédiatement à exécuter, avec une minutieuse exactitude, l'ordre de leur chef.

Pendant que les francs-tireurs exécutaient ses ordres, Petrus, lui, était entré dans une hutte qu'il examinait très-attentivement ; cette hutte était presque ruinée, mais en moins d'une demi-heure elle pouvait être parfaitement réparée et rendue habitable, les matériaux ne manquaient point.

Petrus ne perdit pas un instant pour faire commencer les réparations ; les premiers francs-tireurs qui vinrent lui faire leur rapport furent aussitôt mis en réquisition pour ce travail d'intérêt général, car l'intérieur de la hutte pouvait facilement contenir un nombre d'hommes double de ceux qui se proposaient de l'habiter.

— Ainsi rien d'inquiétant aux environs? dit Petrus qui s'était installé sur un tronc d'arbre, près du feu, et fumait gravement sa longue et énorme pipe de porcelaine.

— Non, sergent, tout est calme, nous n'avons découvert aucune trace.

— C'est bien, mais comme il est toujours bon de se méfier, caporal Oswald, tu vas placer quatre factionnaires dans les fourrés de façon que nous soyons gardés de tous les côtés ; vu le froid, les factions seront d'une heure; leste, mes garçons!

Le caporal Oswald choisit quatre hommes et sortit avec eux.

— Mes enfants, continua Petrus, vous êtes libres de faire le café, de manger, de boire et même de dormir; je n'ai pas besoin, n'est-ce pas, de vous recommander de ne pas vous éloigner, le temps n'est pas à la promenade, et les environs manquent complètement de brasseries, ajouta-t-il en poussant un soupir et en nettoyant les verres de ses lunettes. Enfin, à la guerre comme à la guerre.

Puis il mit sa pipe de côté, s'assit à cheval sur son tronc d'arbre, ouvrit son sac et en retira avec ce soin presque religieux qu'il apportait à toutes choses, diverses provisions qu'au fur et à mesure il plaçait devant lui avec une certaine symétrie. Ces provisions, d'une frugalité à faire honte à un moine, se composaient d'un morceau de lard salé, d'un saucisson, d'un cervelas à l'ail, d'un reste de jambon, de sept ou huit pommes de terre cuites sous la cendre, mais froides, et d'une galette de biscuit; il retira ensuite, toujours de son sac, une assiette en étain, un couteau, une fourchette et un gobelet en cuir.

— Là, dit-il, lorsque ses préparatifs furent terminés, voilà qui est fait, mangeons; c'est égal, ajouta-t-il en jetant un regard piteux sur ses provisions, on dira ce qu'on voudra, mais je vais faire un fichu déjeuner.

— Attendez, monsieur Petrus, dit une voix joyeuse au dehors, nous apportons un renfort de provisions.

Chacun se retourna au bruit de cette voix bien connue.

La couverture fut soulevée et le Loup-Garou, Michel Hartmann et le Parisien pénétrèrent dans la hutte, précédés par Tom, qui, en deux bonds, se trouva installé devant le feu, où les francs-tireurs dont il était, avec raison, fort aimé, s'écartèrent pour lui faire place.

Le Loup-Garou portait quatre lièvres et un mouton; Michel tenait un énorme chapelet de poules et de canards, quant au Parisien, il avait sur les épaules un barillet sur lequel il veillait avec la plus grande sollicitude, six pains de quatre livres étaient enfilés dans son sabre.

— Voilà des provisions, camarades, dit le Loup-Garou en se débarrassant des lièvres et du mouton, mouvement aussitôt imité par Michel Hartmann; à l'œuvre, rondement!

Quant au Parisien, il avait doucement posé son barillet à terre dans un coin de la hutte éloigné du feu.

— Voilà le liquide, dit-il, je ne vous dis que cela; vous vous en lécherez les babines; je vous donne du château-margaux à l'ordinaire, plaignez-vous, mes lapins; croyez-vous maintenant que nous connaissons le *fourbi*, nous autres vieux Africains, voilà à boire et à manger!

Cette déclaration dénuée d'artifice porta au comble l'enthousiasme général.

Petrus avait, avec un soupir de soulagement, renfermé toutes les provisions que précédemment il avait établies devant lui avec tant de soin, non sans murmurer de la voix la plus lugubre:

— Pourvu que je n'aie pas bientôt besoin d'y avoir encore recours...

En moins d'une heure, tant les francs-tireurs s'étaient hâtés, tout fut prêt et cuit à point; chacun se servit et le repas commença au milieu des cris et des rires joyeux des volontaires qui, à leur arrivée dans la clairière, étaient loin de s'attendre à cette bonne aubaine.

Michel Hartmann, le Loup-Garou, Petrus et le Parisien faisaient bande à part; ils s'étaient installés dans un endroit un peu à l'écart, avaient improvisé une table tant bien que mal et tout en mangeant bien et buvant mieux, ils causaient entre eux à voix contenue; du reste les francs-tireurs comprenant que leurs chefs désiraient s'entretenir sans doute de choses sérieuses, s'étaient respectueusement retirés à l'autre extrémité de la hutte; ils se livraient eux-mêmes à une occupation trop agréable pour songer à écouter ce qu'ils ne devaient pas entendre.

— Eh! eh! fit Petrus la bouche pleine, le Parisien avait raison de prétendre que les vieux Africains connaissent le *fourbi* et le *frichti* donc! ils le possèdent au plus haut degré, voilà un balthazar qui me rajeunit de six mois; il me rappelle la Robertsau où nous faisions de si bons dîners, ajouta-t-il avec un soupir; ah! ce temps-là est passé!

— Bah! il reviendra! dit le Loup-Garou en riant; après la pluie le beau temps, c'est connu cela! Ne vous inquiétez donc pas, sergent; mangez et buvez tout votre saoul.

— C'est ce que je fais consciencieusement, ami Loup-Garou, répondit-il en donnant un os à Tom, qui le regardait d'un air famélique; mais je voudrais bien savoir où vous avez fait cette agréable razzia, l'endroit est bon à connaître, on peut y retourner.

— Pour qui nous prenez-vous, ami Petrus? dit Michel en souriant, cette razzia, comme vous l'appelez, a été faite à coups de pièces de cinq francs dans un village situé à trois lieues d'ici; nous ne sommes pas des pillards...

— Dans notre pays, compléta gravement le Parisien.

Les convives éclatèrent de rire, et burent chacun une large rasade du vin apporté par le Parisien.

— Il y a donc des villages aux environs? demanda Petrus.

— Quelques-uns disséminés de ci et de là.

— Tout en achetant vos provisions, qui décidément sont exquises, vous n'avez pas été sans vous informer un peu.

— Nous nous sommes informés beaucoup;

d'ailleurs n'étions-nous pas partis tout exprès pour cela?

— C'est vrai, Loup-Garou, mon ami; eh bien?

— Eh bien, sergent, calme plat, on ne dit rien, tout est tranquille dans la montagne, on n'a pas aperçu la moustache rousse d'un seul Prussien de ce côté; c'est à croire qu'ils n'existent pas.

— Oh! oh! fit Petrus en hochant la tête, voilà qui me semble diablement louche; voilà un calme et une tranquillité qui ne me rassurent pas du tout, moi; cela n'est pas naturel.

— N'est-ce pas? dit Michel; je suis entièrement de votre avis, ami Petrus; trop de tranquillité à la surface dénote quelque trahison dessous.

— C'est aussi mon avis.

— Et le mien.

— Vous n'avez rien découvert, aucun indice, si petit qu'il soit, Loup-Garou, vous qui connaissez toutes les rubriques de nos ennemis? reprit Petrus.

— Rien absolument, ce qui augmente encore mon inquiétude; il est évident pour moi qu'il y a quelque chose; mais quoi? voilà ce que malgré tous mes efforts je ne puis réussir, non pas à deviner, mais seulement à pressentir; il est certain que tout cela est mené avec une adresse et une habileté extrêmes, et par un homme très-fort; je parierais tout ce qu'on voudrait qu'il y a du Poblesko là-dessous.

— Le fait est que nous lui avons joué un tour sanglant, et qu'il doit avoir grande envie de nous rendre la monnaie de notre pièce.

— Il nous faut jouer plus serré que jamais; ce serait une honte pour nous d'échouer au port, dit Michel, devenu rêveur; dans deux jours au plus nous serons à l'abri de tout danger; notre devoir est de redoubler de précautions; j'ai la conviction que des espions se sont glissés parmi nous, et qu'ils tiennent nos ennemis au courant de nos mouvements.

— Cela doit être, dit Petrus; mais comment découvrir ces espions?

— Nous y parviendrons, avec l'aide de Dieu; le principal est de ne pas nous endormir, de veiller attentivement autour de nous; un mot, un geste, peut nous faire tout découvrir.

— Malheureusement, nous sommes mal placés pour agir comme il le faudrait constamment sur le flanc gauche de la colonne que nous sommes chargés d'éclairer; nous ne pouvons assez nous rapprocher, pour nous tenir au courant de ce qui s'y passe.

— Ce soir, lorsque le bivac sera établi, je prendrai toutes les mesures nécessaires, dit Michel, nous ne pouvons continuer à marcher ainsi à l'aveuglette; tant pis pour ceux qui se trouveront froissés, mais l'intérêt général exige que des mesures énergiques soient prises sans retard.

En parlant ainsi il échangea un regard d'intelligence avec le Loup-Garou.

— Voulez-vous me permettre de vous faire une observation, mon commandant? demanda le Loup-Garou.

— Parlez, mon ami, vos observations sont toujours les bienvenues.

— Vous comptez, n'est-ce pas, faire halte pour la nuit à Seeiven?

— Certes, la position de ce village est facile à défendre, en un mot elle nous offre toutes les garanties de sûreté désirables, et nous permet de protéger efficacement les femmes, les enfants, les vieillards et surtout les blessés que nous conduisons avec nous; d'ailleurs, nous n'y passerons que quelques heures.

Le Loup-Garou hocha la tête à plusieurs reprises:

— Qui sait? dit-il.

— Comment! qui sait? reprit Michel; demain, au jour, nous nous remettrons en route, cela est certain, maintenant surtout, nous n'avons pas à nous arrêter; il nous faut marcher quand même.

— Certes, mon commandant. Quant à Seeiven, je vous avoue que malgré sa forte position, et peut-être même à cause d'elle, ce village ne m'inspire aucune confiance.

— Expliquez-vous, mon ami.

— Si vous le permettez, mon commandant, je m'expliquerai catégoriquement après le retour de mon petit gars, que j'ai envoyé aux renseignements. M'est avis qu'il ne sera pas longtemps à revenir.

— Attendons donc, fit Michel Hartmann qui s'était levé de table; il se promenait de long en large dans la hutte d'un air pensif.

Le Parisien s'était étendu les pieds au feu et dormait, Petrus et le Loup-Garou causaient à voix basse; quant aux autres francs-tireurs, depuis longtemps déjà ils ronflaient à tout rompre.

Tout à coup, Tom qui était couché devant le feu, se dressa, pointa les oreilles, remua la queue, et après avoir poussé deux ou trois petits cris, d'un bond il s'élança au dehors.

— C'est mon petit gars qui revient, mais il n'est pas seul, dit le Loup-Garou en s'adressant à Michel qui l'interrogeait du regard.

— Bon, comment savez-vous cela? demanda Petrus.

— Tom me l'a dit, répondit le contrebandier de l'air le plus sérieux.

L'ex-étudiant, complètement déferré par cette réponse plus que singulière, le regarda tout effaré; il ne comprenait rien à ce lien invisible qui rattachait le chien à son maître et faisait qu'ils se comprenaient d'un mot ou d'un signe.

Michel Hartmann avait repris sa promenade.

Quelques minutes s'écoulèrent encore, puis un bruit de pas et de voix se fit entendre au dehors; enfin la couverture qui servait de porte fut soulevée et plusieurs personnes pénétrèrent dans la hutte à la suite les unes des autres, le caporal Oswald entra le premier, derrière lui apparut la mine espiègle du petit gars, qui, tout en marchant, jouait avec les oreilles de son chien; vint ensuite une ravissante jeune fille vêtue du costume alsacien et frileusement enveloppée dans une épaisse mante semblable à celles que portent les paysannes des Vosges.

Le Loup-Garou enleva son enfant dans ses bras robustes, appliqua deux gros et retentissants baisers sur ses joues rouges et rebondies comme des pommes d'api, puis il le reposa à terre devant lui et le regardant avec complaisance :

— Te voilà donc de retour, p'tit gars, lui dit-il, t'as pas été longtemps, sais-tu, mon bonhomme.

— Oh! dame, mon p'pa, j'avais pas loin à aller non plus pour sûr, répondit l'enfant de sa voix traînante.

— Est-ce que tu n'aurais pas fait ma commission? reprit le père en fronçant les sourcils.

L'enfant fit claquer ses doigts et reprit en hochant la tête d'un air malin :

— Pour sûr qu'elle est faite, la commission, et bien faite, allez, mon p'pa.

— T'as été à Seeiven?

— J'en arrive.

— Qu'est-ce que t'as vu là-bas?

— Un beau village rempli de monde, bien gai toujours et bien aimable; ne faut pas dire non, ils rient et ils chantent toujours, sans compter ce qu'ils boivent et ce qu'ils fument.

Le commandant Michel qui s'était rapproché échangea un coup d'œil avec le Loup-Garou.

— Alors ils t'ont bien reçu?

— J'ai bu et mangé tant que j'ai voulu.

— Et quelle langue parlent-ils entre eux?

— Le français donc, mon p'pa, c'est des braves gens et qu'aiment pas ces gueux de Prussiens, non pour sûr. Allez! faut voir comme ils les abîment, y ne décessent pas, quoi!

— Ils ne t'ont pas interrogé?

— Oh, si, tout d'même !
— Qu'est-ce qu'ils t'ont demandé ?
— Ci et ça ; si les francs-tireurs allaient bientôt arriver, où ils étaient, un tas de choses, quoi !

Le Loup-Garou et le commandant Michel échangèrent un nouveau regard.

— Et toi, qu'est-ce que t'as répondu, hein, p'tit gars ? reprit le père au bout d'un instant.

L'enfant fit claquer ses doigts, cligna de l'œil, et se décida enfin à répondre en riant :

— Dame, mon p'pa, j'leur ai dit que je ne savais pas de quels francs-tireurs ils voulaient parler ; que j'étais un p'tit gars de Giromagny, que jamais j'avais vu de francs-tireurs et que par conséquent j'pouvais pas savoir où qu'y en avait, et comme y m'traitaient d'menteur, qu'ils me menaçaient de me tirer les oreilles si j'voulais pas répondre mieux que ça, j'ai profité de l'occasion d'une belle voiture qui sortait au galop de la cour de l'auberge, sur la grande place, et que tout l'monde se r'tournait pour voir, j'm'ai élancé derrière la voiture et j'suis parti avec ; on a eu beau crier après moi, me m'nacer d'coups d'fusil, j'savais bien qu'ils n'oseraient pas tirer d'peur de blesser ceux qu'étaient dans la voiture, pour lors j'ai fait la feintise de n'pas entendre et j'm'ai ensauvé du village toujours derrière la voiture.

— Ainsi, t'as pas parlé, mon p'tit gars, hein, dis ?

— Pas rien, mon p'pa, aussi y étaient vexés fallait voir ; dame ! y avait ben de quoi tout d'même, allez.

— C'est-y tout, p'tit gars ?
— Pour le village, mon p'pa.
— Oui, pour le village ?
— Tout vrai, mon p'pa.
— Et comment que t'es revenu ?
— En voiture, donc.
— Comment, en voiture ? s'écria Michel.
— C'est-à-dire pas tout à fait ; faut pas mentir : pour lors, pendant plus d'une heure la voiture a continué à galoper, j'osais pas descendre, vu qu'j'avais peur de m'casser quasiment les reins, si j'essayais de m'couler par terre, quand v'là juste au moment où j'savais plus comment faire, la voiture qui s'arrête toute seule, et une belle dame qui passe la tête à la portière et qui m'appelle en riant, en me disant de venir lui parler.

Le sergent Petrus, après avoir écouté le rapport du caporal Oswald, l'avait congédié ; puis, après avoir allumé sa pipe, il était allé tout doucement se placer, ainsi que le Parisien, auprès du Loup-Garou et du commandant Michel. Quant aux francs-tireurs, ils s'étaient rapprochés de la jeune fille et ils l'avaient galamment conduite auprès du feu ; la jeune fille ne s'était pas fait prier beaucoup, et après les avoir remerciés avec un charmant sourire, elle s'était assise sans prononcer un mot tout près du groupe composé de Michel, de Petrus, du Loup-Garou et de son petit gars, et tout en se chauffant elle prêtait attentivement l'oreille à tout ce qui se disait et dont elle ne perdait pas un seul mot.

— Qu'est-ce que tu as fait alors ? reprit le Loup-Garou en continuant son interrogatoire.

— Dame ! mon p'pa, je me suis approché.
— Et puis, après, qu'est-ce qu'elle t'a dit cette belle dame ?
— Oh ! bien des choses, allez mon p'pa, seulement j'sais pas comment vous les raconter, fit-il en se grattant la tête avec fureur.
— Est-ce que tu ne t'en souviens pas ?
— Oh ! j'ai rien oublié.
— Eh bien ! alors.
— C'est que tout ça s'embrouille, mon p'pa, et vrai sur ma foi de Dieu, je ne sais pas comment vous raconter tout ça.
— Essaye toujours.
— J'veux bien, mon p'pa, mais p't'être bien que vous ne me comprendrez pas.

La jeune fille se leva, s'approcha tout

à fait du groupe, et après un gracieux salut :

— Messieurs, dit-elle d'une voix harmonieuse et avec un charmant sourire, si vous le désirez, me voici prête à satisfaire votre curiosité, et à vous dire ce que ce pauvre petit craint de ne pouvoir vous expliquer.

— Qui êtes-vous, mademoiselle? lui demanda alors Michel après l'avoir un instant examinée avec la plus sérieuse attention.

— Une jeune fille, monsieur, répondit-elle avec une certaine malice, une jeune fille qui, si les apparences ne la trompent pas, est chargée pour vous d'un message important.

— Pour moi ? fit-il avec un geste de surprise, cela m'étonnerait, mademoiselle, car je ne crois pas avoir l'honneur de vous connaître.

— En effet, monsieur, vous ne me connaissez pas, mais il n'en est pas de même pour la personne qui m'envoie.

— Vous m'êtes donc réellement envoyée par quelqu'un ?

— Comment serais-je ici sans cela, monsieur? fit-elle en riant et devenant rouge comme une cerise.

— C'est vrai, répondit le jeune officier sur le même ton, je ne sais ce que je dis; et quelle est la personne qui vous envoie ?

— Vous le saurez dans un instant, monsieur, si vous consentez à m'écouter. Je ne me trompe point, n'est-ce pas, monsieur, en supposant que j'ai l'honneur de m'adresser au commandant Michel Hartmann ?

— Je suis, en effet, le commandant Michel Hartmann, mademoiselle.

— Je vous remercie, monsieur; on vous avait si parfaitement dépeint à moi, que j'étais certaine de ne pas commettre d'erreur, et, vous le voyez, je vous ai reconnu tout de suite.

— En effet, mademoiselle, mais cela ne m'apprend pas...

— Pardonnez-moi mon bavardage, m'y voici, monsieur. A une demi-lieue d'ici à peu près, la dame qui est ma marraine et que j'ai l'honneur d'accompagner, fit arrêter sa chaise de poste et invita l'enfant qui, dans le village, était monté derrière la voiture, à s'approcher d'elle; le pauvre petit tremblait beaucoup, à la fois de froid et de peur sans doute ; sa présence d'esprit lui a seule sauvé la vie, car les hommes au milieu desquels il se trouvait l'auraient tué impitoyablement s'il ne leur avait pas si adroitement échappé.

— Quels sont donc ces misérables qui ne craignent pas d'assassiner les enfants? s'écria Michel avec indignation.

— Ce n'est pas à moi qu'il appartient de répondre à cette question, monsieur.

— Soit ! continuez, mademoiselle.

— L'enfant s'approcha, la dame ma marraine lui adressa, mais dans un but différent, toutes les questions qui précédemment lui avaient été faites dans le village au sujet des francs-tireurs, mais ce fut inutilement, elle ne put rien obtenir de lui, il resta impénétrable, se contentant de répondre par un non tout sec à chacune des questions qui lui étaient adressées; ma marraine lui proposa alors de demeurer avec la voiture à l'endroit où elle se trouvait, tandis que moi je partirais avec lui et je l'accompagnerais jusqu'à l'endroit où vous seriez afin de m'acquitter de la mission dont elle allait me charger pour vous ; à cette dernière proposition, l'enfant parut assez embarrassé; il hésita, se gratta la tête, puis enfin il répondit : « Si la demoiselle veut venir avec moi, elle est libre de le faire, je serai content de l'avoir avec moi ; quant aux francs-tireurs, je ne sais pas ce que vous voulez dire, je n'en ai jamais entendu parler, je suis un petit gars de Giromagny, et par chez nous il n'y a pas de francs-tireurs. » Ma maîtresse lui répondit que c'était bien, et comme l'enfant insistait en lui disant : « Surtout ne bougez pas d'où vous êtes, sans cela je n'emmène pas la demoiselle, » elle lui promit d'attendre mon retour à l'endroit où elle était arrêtée. Je me mis donc en marche avec l'enfant;

lorsque la voiture se trouva loin de nous, cachée par les broussailles et les détours de la route, l'enfant se mit à rire, et il me dit en frappant des mains l'une contre l'autre : « Tu es bonne, je t'aime bien, j'aime bien aussi ta maîtresse; si tu me promets de ne rien dire, je te conduirai auprès de celui que tu veux voir. » Je lui promis tout ce qu'il voulut, bien résolue à garder le secret qu'il me demandait ; l'enfant se remit gaiement en route, en me disant : « Tu vas le voir ! » Je ne sais comment il dirigea sa marche, mais cinq minutes après, tout au plus, nous nous sommes trouvés face à face avec plusieurs hommes armés; l'enfant a dit quelques mots à voix basse à leur chef; alors celui-ci m'a saluée et il m'a invitée poliment à le suivre, ce que j'ai accepté; un quart d'heure plus tard nous sommes arrivés ici; voilà ce qui s'est passé, messieurs.

— Ah ! p'tit gars, s'écria le Loup-Garou en mangeant littéralement l'enfant de caresses; t'as joliment manœuvré tout d'même ; je suis content de toi, vrai Dieu ; va déjeuner, tu dois avoir faim.

L'enfant, choyé et caressé par tout le monde, refusa cependant de manger, car il avait copieusement déjeuné dans le village, mais il commença à se rouler joyeusement avec son ami Tom.

— Je vous remercie de l'explication que vous m'avez donnée, mademoiselle, et maintenant..

— Vous désirez savoir qui je suis, n'est-ce pas? interrompit-elle gaiement.

— Et quelle est la personne qui vous envoie, oui, mademoiselle.

— Monsieur, je me nomme Lilias, la personne qui m'envoie vers vous est ma marraine, voilà tout ce qu'il m'est permis de vous dire; mais peut-être, ajouta-t-elle, retirant un papier cacheté de son corsage et le présentant par un geste coquet au commandant, cette lettre vous en apprendra-t-elle davantage.

L'officier prit la lettre, l'ouvrit et la parcourut des yeux.

— Sapristi ! fit Petrus en se pourléchant; quel joli brin de fillette !

— Sergent, mon collègue, ne vous emportez pas, lui répondit le Parisien; la fillette est jolie, ça ne fait pas de doute, mais ce n'est pas une raison pour vous incendier.

Cependant, après avoir lu une fois la lettre, Michel l'avait relue avec plus d'attention encore, en proie à une surprise qu'il n'essayait même pas de cacher.

Cette lettre était courte; elle ne contenait que ces mots :

« Monsieur,

« Une personne à laquelle vous avez plusieurs fois sauvé la vie a fait devant vous le serment de ne se laisser arrêter par aucune considération, lorsque l'occasion se présenterait de vous prouver sa reconnaissance; l'heure est venue pour elle de tenir son serment. La mort vous menace, une mort horrible, toutes les précautions sont prises pour vous faire tomber, vous et tous ceux *qui vous sont chers*, dans un guet-apens infâme. Si vous vous souvenez de Voyères, vous n'hésiterez pas à suivre la jeune fille qui vous remettra ce mot, elle vous conduira près de celle qui donnerait avec joie sa vie pour sauver la vôtre.

« Hâtez-vous, le temps presse ; en quelque lieu que se trouvent vos volontaires, arrêtez leur marche jusqu'à ce que vous vous soyez entretenu avec moi et que je vous aie révélé, dans tous ses détails, l'odieux complot tramé contre vous.

« Venez seul, mais au nom du ciel, hâtez-vous, l'heure passe et il s'agit de votre salut à tous. »

— Que penses-tu de cela ? dit Michel en passant la lettre à Petrus.

Celui-ci la lut avec la plus sérieuse attention, il resta un instant pensif et tout à coup se frappant le front :

Après les bienfaits de la paix (page 75).

— Il faut aller à ce rendez-vous, dit-il, quoique cette lettre ne soit pas signée, je sais qui te l'adresse.

— Ainsi, tu crois...

— Fou, oublieux, s'écria l'ex-étudiant avec feu ; cette lettre est de Mme la baronne de Steinfeld.

— Comment ! tu supposes...

— Je ne suppose pas, j'en suis sûr ; si vous vous souvenez de Voyères ; ces six mots sont la signature de la lettre.

— En effet, dit le Loup-Garou, à qui le Parisien avait lu le billet ; il n'y a pas à hésiter ; et puis, ajouta-t-il en montrant la jeune fille, regardez cette charmante enfant ; elle sourit, donc vous avez deviné.

— Oui, répondit-elle en souriant, c'est bien cela, c'est moi qui ai écrit la lettre ; ma marraine, Mme la baronne de Steinfeld, me l'a dictée ; mais cette lettre pouvait être surprise ; en la signant, elle se serait perdue sans vous sauver ; elle a pensé que vous devineriez son nom en vous souvenant de Voyères.

— Et nous l'avons deviné, en effet, s'écria joyeusement Petrus.

— Hésitez-vous? demanda la jeune fille en souriant avec coquetterie.

— Hum! avec un guide pareil, j'irais en enfer, moi! reprit Petrus.

— Je n'hésite pas, mademoiselle, je suis prêt à vous suivre.

— Alors, s'il en est ainsi, partons, monsieur, le temps presse.

— Un instant encore, mademoiselle. Petrus, tu resteras ici avec ton détachement.

— C'est entendu.

— Quant à vous, Loup-Garou, partez en toute hâte; vous savez où vous rencontrerez nos hommes. Donnez l'ordre de faire halte, en choisissant une situation facile à défendre. Laissez votre petit gars ici; je l'enverrai, si j'ai d'autres ordres à donner, sinon j'irai moi-même; surtout, bouche close, que tout le monde ignore les motifs de cette halte; d'ailleurs nous saurons bientôt à quoi nous en tenir sur cette trahison, dont nous avions déjà quelques vagues appréhensions.

— Je pars, mon commandant; vos ordres seront strictement exécutés; bonne chance!

— Mademoiselle, me voici à votre disposition.

— Eh bien! et moi? fit le Parisien.

— Toi? tu restes ici.

— Hum! fit-il en grommelant selon son habitude; c'est ce qu'il faudra voir.

— Partons, monsieur, dit Lilias en s'enveloppant frileusement dans sa mante.

Ils quittèrent la hutte.

A peine étaient-ils sortis que le Parisien se glissait à pas de loup derrière eux, en ayant soin, bien entendu, de ne pas être aperçu par le commandant, qui ne lui aurait pas pardonné sa désobéissance.

VII

UN CHALET DANS LES VOSGES.

La plupart des gourmets, pour ne pas dire tous, qui, après un plantureux dîner ou un fin souper, poussés par le désir de réveiller leur soif endormie afin de livrer une dernière et décisive attaque aux flacons de toutes formes, remplis de vins généreux, accumulés devant eux, se servent avec un indicible plaisir un morceau de fromage de gruyère, certes ne se doutent pas le moins du monde que ce modeste et humble dessert est peut-être la plus poétique production qu'ait jamais inventée la gourmandise.

Il en est cependant ainsi, aucune ne s'élabore dans d'aussi charmantes conditions, dans des lieux plus pittoresques; là où toutes les autres industries sont contraintes de cesser leurs travaux, débute celle qui lui donne naissance.

Les hautes montagnes, les herbages aromatiques, sont les témoins et les auxiliaires indispensables de son origine.

Cherchant toujours le voisinage du ciel, cette industrie presque ignorée, prospère sur les mêmes sites que l'athamante, le cumin, la pensée des Alpes, la germandrée sauvage, la potentille rampante et l'arnica embaumé.

Lorsque l'on essaye d'abaisser vers les plaines cette singulière exploitation, le fromage tourne, se détériore, devient exécrable, et il faut remonter vers les hauts sommets.

Avant la guerre avec la Prusse, il existait entre Guebwiller et le ballon d'Alsace, aux environs de Murbach, une fromagerie ou grande exploitation de fromage de gruyère, qui probablement aujourd'hui a disparu.

Là, comme partout en Alsace où ils ont passé, les Prussiens n'auront laissé que des ruines.

Le jour où les événements de notre histoire nous y conduisent, une animation extraordinaire régnait dans ce chalet vosgien; vers sept heures du soir, une vingtaine de personnes, hommes et femmes, étaient réunies dans une grande salle et, assises de chaque côté d'une longue table qui occupait le milieu de la pièce, mangeaient de bon appétit des mets préparés à la hâte et qui étaient d'une frugalité réellement primitive : pommes de terre cuites à l'eau et trempées dans du lait; omelettes au fromage, etc., le tout arrosé par un petit *pichenet* pelure d'oignon d'une verdeur à faire danser des chèvres.

Ces vingt personnes qui mangeaient de si bon appétit étaient évidemment des gens du pays; leur costume n'avait rien d'élégant, et leur coiffure semblait pour un motif ou pour un autre fort négligée; les hommes, robustes la plupart et dont le plus grand nombre avait atteint le milieu de la vie, portaient des vestes de toile et des gilets de grosse laine; les femmes, un corsage d'étoffe épaisse et de couleur voyante qui laissait paraître les manches de leur chemise; mais sous ces costumes si simples, il y avait des physionomies intelligentes et même distinguées, éclairées par des regards de feu, qu'on était tout étonné de rencontrer là.

Au bout de la table qu'il présidait était assis un grand vieillard, aux membres musculeux, aux traits fortement accentués et à l'air grave, un véritable type de montagnard; cet homme était le chef de cette tribu sauvage; à sa droite se tenait une femme de cinquante-cinq ans environ; sept gaillards robastes et à l'air déterminé étaient assis à droite et à gauche des deux vieillards, avec lesquels leur ressemblance révélait leur proche parenté; en effet, ces sept vigoureux garçons étaient les fils du chef de l'exploitation, que leur travail assidu faisait prospérer et dans laquelle ils travaillaient en qualité de marquards.

Les autres pièces du chalet étaient occupées par de nombreux étrangers, qui, eux aussi, étaient en train de dîner.

Devant la maison, une douzaine de voitures et de charrettes étaient alignées les unes auprès des autres; les chevaux de ces charrettes avaient été abrités dans l'immense écurie du chalet.

Afin de ne pas tenir plus longtemps le lecteur en suspens, nous lui dirons ce que sans doute il a deviné, c'est que tous ces étrangers réunis en ce lieu par le hasard étaient nos anciennes connaissances, les francs-tireurs d'Altenheim, auxquels, depuis le départ du chêne du Haut-Baron, s'étaient joints ceux de Otto de Walkfield.

Lorsque le repas fut à peu près terminé, le chef de la maison fit remplir les verres de ses convives, et élevant son verre en se soulevant à demi de son fauteuil :

— Compatriotes et amis, dit-il, soyez les bienvenus sous mon toit dans ces jours de calamité et de tempête, soyez les bienvenus, même si votre présence amène avec elle le malheur; vous êtes ici chez vous, disposez de tout à votre gré et selon vos besoins. Vive la France! vive la République! Mort aux Prussiens pillards, égorgeurs de femmes et d'enfants!

Ce cri fut répété avec enthousiasme par les convives; les verres se choquèrent et furent d'un seul coup vidés rubis sur l'ongle.

Le vieillard se rassit et brisa son verre.

— Qu'on m'en donne un autre, dit-il; celui-ci après un pareil toast ne pouvait plus servir.

De bruyantes et joyeuses acclamations accueillirent ces dernières paroles.

— La France, reprit le vieillard dont les regards lancèrent des éclairs, traverse en ce moment une des plus sombres et des plus terribles époques de son histoire. Après les bienfaits de la paix dont elle a joui de longues et heureuses années, notre patrie souffre des calamités épouvantables de la guerre. Ses ennemis séculaires ont juré sa perte; les succès prodigieux qu'ils ont obtenus ne seront qu'éphémères; la France, ce champion dévoué de l'idée et du progrès, est, par la volonté de Dieu, indispensable au bonheur de tous les autres peuples; si elle mourait, ce seraient les ténèbres, la barbarie; bon espoir donc! combattons jusqu'au dernier soupir, certains que nos fils nous vengeront et écraseront pour jamais ces féroces vainqueurs, qui pendent les prêtres devant leurs églises parce qu'ils appellent leurs paroissiens à la défense de la patrie, qui massacrent les femmes, fusillent les hommes et violent les filles dans les bras de leurs mères.!

Otto de Walkfield, Yvon Kerdrel et leurs compagnons écoutaient avec une respectueuse admiration les paroles prophétiques du vieillard; celui-ci passa la main sur son front pur et poli comme de l'ivoire, un sourire très-triste plissa les commissures de ses lèvres pâles et il reprit :

— Mais laissons cela; si rapproché que cet avenir soit de nous, sans doute je ne le verrai point; oh! la génération qui grandit en ce moment sera heureuse, car elle assistera à des choses grandes et belles qui renouvelleront notre vieux monde.

Et, s'adressant aux chefs des francs-tireurs :

— Êtes-vous toujours résolus à vous remettre en route demain, messieurs? demanda-t-il.

— Il le faut, répondit Otto, un devoir impérieux nous y oblige; demain à l'aube nous partirons; pourquoi vous obstiner à demeurer ici, surtout après la réception que vous nous avez faite? ne vaudrait-il pas mieux pour vous d'abandonner provisoirement cette maison et vous retirer avec nous?

Le vieillard hocha tristement la tête.

— Non! dit-il avec un soupir, cela ne se peut pas; avez-vous lu la date gravée sur le pignon de cette vieille demeure?

— Oui, fit Yvon, 1574; c'est sans doute la date de sa construction.

— Oui, répondit-il avec tristesse, c'est en effet cela; quelques membres de ma famille, échappés par miracle aux boucheries de la Saint-Barthélemy, vinrent, deux ans après ce crime odieux commis par un roi sur son peuple, se réfugier sur cette terre qui alors n'était pas encore française, mais assez rapprochée cependant de cette chère patrie que nous abandonnions en pleurant afin d'exercer librement notre culte persécuté, pour que par-dessus les hauts sommets des montagnes le vent nous apportât les senteurs et les émanations de la France; depuis trois cents ans, nous sommes restés marquards; l'Alsace a été réunie à la France, et sans quitter les Vosges nous nous sommes retrouvés dans notre patrie : cette fois il en sera de même.

— Dieu le veuille! murmura Otto.

— Messieurs, continua-t-il après une invocation muette et les mains jointes, la soirée s'avance, l'heure du repos ne tardera pas à sonner; voulez-vous que nous disions la prière en commun avant de nous séparer pour la nuit?

Tous les assistants firent un geste de respectueuse adhésion.

Sur un signe du vieillard, les portes s'ouvrirent, et alors on aperçut dans les longs corridors et dans les pièces adjacentes, les métayers et les francs-tireurs, debout et tête nue.

Le vieillard se leva, mouvement aussitôt imité par les convives.

Le plus jeune des fils du maître de la maison présenta alors respectueusement à son père une bible ouverte.

Celui-ci la prit, tourna quelques feuillets, et la prière commença; chaque verset, après avoir été lu par le vieillard, était répété à demi-voix par les assistants.

Au dehors le vent soufflait avec violence, la neige fouettait les vitres, il y avait quelque chose de grandiose et de réellement touchant dans cette cérémonie cependant si simple, mais dont les circonstances dans lesquelles on se trouvait faisaient en quelque sorte un acte de foi.

La prière terminée, le vieillard salua les assistants et referma la Bible, qu'il remit à son plus jeune fils.

— Messieurs, dit alors le chef de la famille, il est temps de se livrer au repos, que Dieu vous donne un sommeil paisible; demain je vous reverrai une fois encore avant votre départ.

Les assistants s'inclinèrent, et, précédés d'un métayer portant une lanterne allumée, ils quittèrent la salle et se retirèrent dans les chambres qui avaient été à l'avance disposées pour les recevoir et que depuis la veille ils habitaient.

Otto de Walkfield et Yvon Kerdrel, dont les chambres étaient contiguës, au lieu de se séparer entrèrent tous les deux dans une même chambre, celle de Otto; ils avaient à s'entretenir des mesures à prendre pour la continuation du voyage avant que de se livrer au sommeil.

Peu à peu les lumières s'éteignirent, les fenêtres devinrent sombres les unes après les autres, le silence se fit; à peine une heure s'était-elle écoulée que tout dormait ou du moins semblait dormir dans la métairie.

Au moment où le dernier coup de onze heures sonnait à un clocher peu éloigné, un certain mouvement s'opéra dans une des voitures remisées devant la maison.

Ce mouvement, d'abord timide et pour ainsi dire craintif, s'accentua peu à peu, bien qu'aucun bruit ne se fit entendre; le rideau de cuir placé au-dessus du tablier de cette voiture, rideau destiné à garantir les voyageurs du froid extérieur, de la pluie et de la neige, s'écarta légèrement, et bientôt par l'entre-bâillement apparut une tête pâle et anxieuse, qui pendant près de cinq minutes observa les environs, et prêta attentivement l'oreille à ces mille bruits sans cause appréciable qui troublent le silence des nuits et qui ne sont que le travail incessant des infiniment petits.

Rassuré sans doute par le calme profond qui régnait au dehors, l'homme dont nous parlons retira sa tête, acheva d'ouvrir le rideau, puis écoutant, regardant, et enfin convaincu qu'il n'avait aucun regard indiscret à redouter, il mit définitivement pied à terre, s'enveloppa frileusement dans son manteau et rabattit sur ses yeux les larges ailes de son chapeau de feutre.

Cela fait, il jeta de nouveau un regard autour de lui, sans doute afin de se rendre compte de la disposition des lieux; sauf un étroit sentier noirâtre creusé par les bottes des francs-tireurs dans leurs allées et venues des voitures au chalet et du chalet aux voitures, toute l'étendue de la terrasse sur laquelle s'élevait l'habitation était couverte d'un épais tapis d'une éblouissante blancheur, car depuis une heure à peine la neige avait cessé de tomber; notre inconnu, vu les précautions qu'il prenait, avait sans doute de graves raisons pour ne pas laisser soupçonner son excursion nocturne; le sentier dont nous avons parlé aboutissait au seuil même de la porte de la maison; pour surcroît de bonheur, le toit s'avançant beaucoup au dehors, la neige n'avait pu pénétrer jusqu'aux murailles et formait une espèce d'épais bourrelet un peu en dedans de l'avancement du toit, de sorte que tout l'espace compris entre le mur et ce bourrelet, n'était maculé par aucun flocon de neige, le sol était nu, si bien qu'en tournant tout autour de la maison, il était facile de marcher en toute sécurité et sans laisser derrière soi la moindre empreinte dénonciatrice et compromettante.

L'inconnu jugea la situation d'un coup d'œil rapide.

— Tout va bien, je suis sauvé, murmura-t-il à voix basse.

Il s'enveloppa plus étroitement dans son manteau et s'engagea résolument dans le sentier; puis, arrivé sous l'auvent formé par le toit, il se mit en devoir de contourner la maison, ce qu'il réussit à faire sans qu'aucun indice pût, plus tard, dénoncer sa présence.

Seulement, arrivé derrière la maison, il se trouva arrêté net.

C'était là qu'il lui fallait quitter l'abri tutélaire qui, jusque-là, l'avait si providentiellement protégé; en face de lui, à cent ou cent cinquante mètres environ, commençait une immense forêt séculaire; c'était cette forêt dans laquelle il lui fallait pénétrer, mais une immense neige complétement immaculée le séparait de cette forêt, et cette nappe, il était obligé de la traverser; mais comment faire pour accomplir ce trajet périlleux sans laisser derrière soi des traces de son passage?

Là était la question, et certes elle n'était pas facile à résoudre.

Par hasard, une immense perche se trouvait couchée le long du mur contre lequel il s'appuyait; cette perche il l'avait fait, sans y faire attention, rouler sous ses pieds; cette perche, c'était le moyen, c'était le salut; elle avait une quinzaine de pieds de haut; il la dressa contre le mur, puis il releva son manteau, l'attacha autour de lui de façon à ce qu'il ne gênât pas ses mouvements et il prit la perche.

Notre inconnu était jeune, sans doute, très-leste, et de plus rompu à tous les exercices de la gymnastique; il fallait d'ailleurs qu'il en fût ainsi pour qu'il réussit dans sa hasardeuse tentative; il saisit la perche, prit son élan, en planta l'extrémité le plus loin possible dans la neige et du premier coup il se trouva porté à une assez grande distance de la maison; cinq fois il recommença le même exercice, et à la cinquième il se trouva porté sur la lisière même de la forêt, ne laissant derrière lui, grâce au soin qu'il avait pris chaque fois de piétiner l'endroit où l'avait porté son élan, d'autres traces que des plaques noirâtres sans aucune ressemblance de pieds.

— Vive Dieu! s'écria-t-il en se frottant les mains lorsqu'il eut déposé sa perche au pied d'un arbre, voilà un exercice fort salutaire dans la saison où nous sommes; je suis littéralement en nage; bien fin qui se doutera de ce tour de passe-passe. Allons, c'est bien joué; à notre affaire maintenant, je n'ai pas un instant à perdre.

Et il s'enfonça sous le couvert; en ce moment la neige recommença à tomber avec violence.

Si l'inconnu n'avait pas été si complétement absorbé par ses pensées et s'il eût songé à se retourner avant que de s'engager sous bois, certainement il eût frémi de crainte en apercevant derrière lui une forme humaine, qui, sans se préoccuper de prendre les mêmes précautions que lui, traversait la neige en marchant tranquillement, précisément à l'endroit où il l'avait si singulièrement traversée lui-même quelques instants auparavant.

Cette forme humaine, si parfaitement emmitouflée qu'il était impossible de reconnaître à quel sexe elle appartenait, pénétra dans la forêt en marchant positivement dans les pas de l'inconnu, qui, pensant ne plus avoir besoin de prendre des précautions, laissait derrière lui des traces parfaitement visibles.

Cependant l'inconnu continuait sa marche; il avait allumé un cigare et chantonnait à demi-voix un air que probablement il improvisait au fur et à mesure.

Il paraissait se croire à l'abri de tout danger.

Au bout d'un quart d'heure à peu près, il s'arrêta; il se trouvait sur la lisière d'un ravin assez profond.

Après avoir jeté autour de lui un regard investigateur, notre homme aspira coup sur coup plusieurs bouffées de tabac, puis il lança son cigare incandescent dans le ravin en disant à voix haute, mais sans crier, ce seul mot:

— Vaterland!

— Kœnig Wilhem! répondit aussitôt une

voix qui semblait s'élever des profondeurs de l'abîme, et en même temps un zigzag de feu raya les ténèbres.

Au bout de quelques instants une ombre se dessina sur la lèvre du ravin et un homme parut.

— Salut! herr baron de Stambow, dit cet homme en s'approchant, la main tendue, de l'inconnu.

— Pas de nom propre, cher monsieur Jeyer, répondit l'autre en ricanant : nous ne sommes pas ici dans un salon, mais dans une forêt.

— Ce qui veut dire?

— Que quoique chargées de neige, les feuilles des arbres ont des yeux et des oreilles.

— Très-bien! l'avis est bon, j'en profiterai; vous avez bien tardé, il y a plus d'une heure que je vous attends.

— Il m'a été impossible de venir plus tôt, il me fallait laisser à mes espions le temps de s'endormir ; d'ailleurs notre rendez-vous était pour minuit, et l'heure est sonnée depuis quelques minutes à peine.

— C'est juste, herr baron, excusez-moi.

— Venons au fait, le temps presse.

— Soit, interrogez.

— Les troupes?

— En marche depuis le coucher du soleil.

— Venant d'où?

— De Colmar et de Belfort.

— Très-bien ; combien d'hommes ?

— Six mille.

— De mieux en mieux.

— De plus, dans le village que vous savez, six cents hommes sont cachés dans les caves, les granges et les greniers.

— Parfait; avec les habitants, cela fait un joli chiffre.

— Ils seront pris comme dans un filet.

— Oui, cette fois, je crois que nous les tenons et qu'ils sont bien positivement perdus.

— C'est mon opinion.

— Quand la danse commencera-t-elle?

— Pas avant demain soir; il faut donner le temps à nos soldats de prendre toutes leurs mesures ; un échec nouveau serait une honte, dont il nous serait impossible de nous relever.

— C'est vrai, alors fixons l'heure et le signal.

— J'écoute.

— L'heure sera une heure du matin, c'est le moment de la nuit où le sommeil est le plus profond.

— En effet ; le signal maintenant?

— Je mettrai le feu à une grange pleine de fourrages, la flamme se voit de loin pendant les ténèbres ; chacun se précipitera au secours afin d'arrêter l'incendie, cela donnera aux troupes toutes les facilités nécessaires pour agir avec ensemble et précision.

— C'est parfait.

— Le village sera envahi de tous les côtés à la fois; on aura soin de laisser en dehors un fort cordon de troupes, afin d'arrêter ceux qui tenteraient de s'échapper : est-ce entendu?

— C'est entendu, oui, herr baron.

— Surtout, pas un mouvement avant que le signal soit donné; trop de précipitation compromettrait le succès de l'entreprise.

— Soyez tranquille.

— Quels sont les deux officiers chargés du commandement des deux détachements?

— Le colonel de Lensfeld est à la tête du détachement de Belfort, et le lieutenant-colonel comte Eckenfeld commande celui de Colmar.

— Bravo! ce sont d'excellents officiers, sur lesquels on peut entièrement compter ; le choix a été bien fait.

— N'est-ce pas?

— N'avez-vous rien de plus à me dire?

— Non, rien, herr baron.

— Alors, séparons-nous.

— Soit, à demain.

Ils se serrèrent la main et se séparèrent.

Tout à coup le banquier s'arrêta en se frappant le front.

— A propos, dit-il, où donc ai-je la tête?
— Quoi encore? demanda le baron d'un air de mauvaise humeur en se retournant.
— Revenez, herr baron.
— Que le diable vous emporte! grommela le baron en se rapprochant, quelle mouche vous pique?
— Aucune, seulement j'avais oublié de vous parler...
— De qui?
— De la petite baronne.
— Quelle petite baronne?
— Mme de Steinfeld.
— Eh bien, après?
— Je l'ai revue.
— Qui, la baronne?
— Elle-même.
— Quand cela?
— Il y a deux jours.
— Vous êtes fou; la baronne est enfermée au château de Spandau, et elle ne l'a pas volé.
— Vous vous trompez, herr baron, j'ai rencontré il y a deux jours, dans un village abandonné, Mme la baronne de Steinfeld, plus piaffante que jamais; elle est complétement rentrée en grâce, et elle se rend à Versailles où Sa Majesté le roi et Son Excellence le premier ministre l'ont fait appeler en toute hâte pour lui donner des instructions confidentielles.
— C'est une histoire à dormir debout que vous me contez là.
— Non pas, herr baron, c'est l'exacte vérité.

Et il raconta dans tous ses détails par quel hasard fortuit il avait rencontré la baronne qui lui avait à peu près sauvé la vie.

Le baron hocha la tête à plusieurs reprises pendant ce récit.

— Cher monsieur, dit-il lorsque le baron se tut enfin, la baronne vous a joué comme un enfant, elle s'est positivement moquée de vous; elle ne se rend pas à Versailles et elle n'est point rentrée en grâce, si véritablement vous l'avez vue...

— Je vous le certifie, interrompit vivement le banquier.

— Soit; eh bien c'est qu'elle a réussi, je ne sais comment, à s'échapper de la forteresse de Spandau. Cette baronne est bien fine; pourvu qu'elle ne vous ait pas tiré les vers du nez.

— Qu'appelez-vous tirer les vers du nez? fit-il en pâlissant.

— Pardieu! vous faire raconter ce que vous avez si grand intérêt à garder pour vous. Voyons, soyez franc; avez-vous parlé?

Le banquier hésita.

— Bien, je sais à quoi m'en tenir, reprit le baron, vous avez parlé; qu'est-ce que vous lui avez dit?

— Hélas! murmura le banquier d'une voix tremblante, je voudrais bien...

— Malheureux! s'écria le baron avec violence, lui auriez-vous livré le secret de nos opérations?

— Je ne me défiais pas d'elle; je croyais avoir la certitude qu'elle était avec nous. Je ne sais pas comment elle s'y est prise, mais je lui ai tout révélé.

— Misérable! s'écria le baron en le saisissant à la gorge et le secouant avec la plus grande violence, misérable! tout est perdu par votre sottise, cette femme est l'espionne des Français.

— L'espionne des Français! fit-il, en joignant les mains avec épouvante.

— Oui, j'en ai la preuve.
— Oh! mon Dieu! mon Dieu!
— Il est bien temps de gémir maintenant, s'écria le baron en le repoussant avec une telle force que le banquier fit quelques pas en arrière en trébuchant comme un homme ivre, et finalement il tomba tout de son long sur la neige.

— Voyons, relevez-vous; assez de jérémiades comme cela, lui dit brutalement le

Notre patrie souffre des calamités épouvantables de la guerre (page 75).

baron; il faut se hâter de donner contre-ordre partout; mon Dieu! pourvu qu'il ne soit pas trop tard; vous m'entendez, contre-ordre, que personne ne bouge sans avoir reçu de nouvelles instructions de moi.

— Je le ferai, dussé-je mourir à la peine.

— Il y va de votre tête, je vous en avertis.

— Je ne perdrai pas un instant; cette nuit même, vos ordres seront transmis partout.

— C'est bien; il faut arrêter la baronne coûte que coûte, morte ou vive; vous me comprenez bien?

— Morte ou vive, je comprends, murmura-t-il en tremblant, mais elle doit être bien loin maintenant pour qu'il soit possible de l'atteindre.

— Vous êtes un imbécile.

— Je ne le vois que trop, dit-il avec humilité.

— Elle vous a affirmé, n'est-ce pas, qu'elle se rendait à Versailles?

— Tout droit, oui, herr baron.

— Niais que vous êtes, si elle vous a dit cela, il est évident qu'elle n'a pas quitté l'Alsace ; maintenant qu'elle connaît notre plan, elle doit travailler de toutes ses forces pour essayer de le faire échouer.

— C'est évident, herr baron.

— Donc, au lieu d'être sur la route de Versailles, elle rôde probablement aux environs du lieu où nous sommes ; peut-être même en ce moment se trouve-t-elle plus près de nous que nous ne le supposons ; réglez-vous là-dessus, c'est ici, dans un périmètre de cinq ou six lieues tout au plus, que les recherches doivent être faites ; mais au nom du ciel, pas de tâtonnement, la plus grande activité ; si nous ne réussissons pas à nous emparer de cette maudite péronnelle, nous sommes perdus.

— Je vous promets que je ferai les plus grands efforts.

— Et vous aurez raison, interrompit-il brutalement, car, de mon côté, je vous le jure, c'est vous seul qui resterez responsable de tout ce qui est arrivé et des suites peut-être désastreuses de votre sottise ; maintenant, allez et ne perdez pas une seconde, car le temps nous brûle.

Les deux hommes se séparèrent sans se serrer la main, cette fois, et bientôt le banquier eut disparu dans le ravin.

Nous avons dit plus haut qu'au moment où le baron s'engageait sous le couvert de la forêt, la neige avait recommencé à tomber avec une extrême violence ; les flocons pressés rendaient les ténèbres encore plus opaques ; revenu sur la lisière de la forêt, le baron s'arrêta afin de s'orienter ; mais ce fut en vain qu'il regarda dans toutes les directions, l'obscurité s'était subitement faite si profonde, que tous les objets se confondant en une seule masse, les accidents du paysage avaient complétement disparu ; le chalet était devenu invisible, il ne restait plus aucun point sur lequel il fût possible de se fixer pour déterminer la direction à suivre afin de ne pas s'égarer.

— Donnerwetter ! murmura le baron avec dépit, voilà un fâcheux contre-temps ; le diable emporte ce sot animal de Jeyer ; je voudrais qu'il se rompît les os au fond d'un précipice ; s'il ne m'avait pas retenu aussi longtemps, je ne me trouverais point dans cet embarras ; comment faire maintenant pour me sortir de ce guêpier ? Je ne puis point passer ma nuit à patauger dans la neige ; au diable !

Il allait se lancer à travers la neige au risque de s'égarer, lorsque tout à coup il poussa un cri étouffé, à quelques pas de lui tout au plus, une ombre, une forme humaine presque indistincte semblait glisser sur le sol ; cette ombre sortait du couvert de la forêt.

— Un espion, fit-il en proie à une vive inquiétude, un témoin caché a assisté à mon entrevue avec le banquier ; cet espion a tout entendu sans doute ; quel que soit cet individu, il faut qu'il meure, mon salut est à ce prix !

Cette fois, toutes ses hésitations cessèrent comme par enchantement, le soin de son salut avait réveillé toute son énergie ; il s'élança résolument à la poursuite du noir fantôme dont la marche, à la fois assurée et rapide, augmentait encore ses appréhensions.

Les traces du passage de l'espion inconnu étaient visibles sur la neige. Cet individu ne semblait nullement se préoccuper de cacher les indices de son passage.

Après une marche qui dura deux ou trois minutes tout au plus, le baron tressaillit subitement ; par un brusque mouvement machinal, il se rejeta vivement en arrière en poussant un cri d'effroi étouffé ; une porte s'était tout à coup ouverte près de lui, et un jet brillant de lumière l'avait frappé en plein visage.

Au même instant, cette ombre qu'il poursuivait s'encadra dans l'huis lumineux de la porte, et une douce voix de femme, dont l'accent qu'il crut reconnaître le fit tressaillir, lui dit avec un accent de mordante raillerie :

— Entrez, monsieur le baron de Stambow, il est inutile de me poursuivre plus longtemps, je suis prête à vous donner les explications que vous semblez désirer obtenir de moi.

Le baron de Stambow était un homme brave jusqu'à la férocité; le son de cette voix, l'accent de menace avec lequel l'invitation qui lui était faite avait été prononcée, suffirent pour faire, non pas disparaître ses craintes, mais revenir tout son sang-froid.

— Soit, répondit-il; d'ailleurs, mieux vaut en finir d'une façon ou d'une autre.

Et, comme sa singulière interlocutrice s'était reculée pour lui livrer passage, il franchit résolûment la porte, qui se referma derrière lui.

Il y eut un instant de silence.

A quelques pas en arrière, le coude appuyé sur le couvercle d'un haut bahut sur lequel était posée une lanterne, se tenait la femme qui avait si singulièrement interpellé le baron; une ample mante la couvrait tout entière, et un voile épais dont les plis pressés recouvraient son visage empêchait de distinguer ses traits. Seulement, on voyait briller derrière ce voile comme deux charbons ardents des yeux opiniâtrément fixés sur l'homme qui venait d'entrer et qui, lui aussi, s'était enveloppé dans son manteau et se tenait immobile et sombre sur le seuil de la porte.

Les deux adversaires, comme deux ennemis sur le point d'engager un duel mortel, s'examinaient avec la plus scrupuleuse attention, cherchant à se deviner l'un l'autre.

— Madame, se décida à dire M. de Stambow, vous m'avez appelé, me voici; que me voulez-vous !

— Ce que je veux, je vous le dirai, mais d'abord, plus de déguisements, à bas les masques ! Vous êtes le baron Frédéric de Stambow, ce misérable qui, après avoir séduit la fille de l'homme qui lui avait sauvé la vie, a lâchement abandonné cette malheureuse et l'enfant dont il l'avait rendue mère, et moi, ajouta-t-elle d'une voix vibrante en faisant brusquement tomber son voile, je suis cette femme si honteusement trahie et déshonorée, je suis Anna Sievers, votre victime! Me reconnaissez-vous maintenant?

Elle fit un pas en avant et se posa en pleine lumière ; elle était admirable de beauté et de douleur; son corps fièrement cambré, la tête haute, le regard étincelant, le bras tendu en avant par un geste de menace, elle était belle comme la Niobé antique.

Le baron frissonna, ébloui; subjugué malgré lui, il recula sous l'éclair de ce regard comme s'il eût voulu fuir.

— Oh! murmura-t-il d'une voix saccadée; démon! tu ne t'es pas trompé, oui, je t'avais reconnu depuis longtemps, oui, tu es mon remords; la pierre d'achoppement contre laquelle, quoi que je tente, viennent se briser tous mes projets d'ambition, de fortune et de bonheur! mais tes projets à toi aussi avorteront misérablement; tu crois me tenir entre tes mains, tu te flattes prématurément d'un triomphe impossible! Je ne suis pas vaincu encore, c'est toi qui es en mon pouvoir et bientôt tu en auras la preuve.

— Va ! va ! Frédéric, répondit-elle d'une voix frémissante, menace, insulte, essaye de te donner le change à toi-même; tu es bien réellement vaincu, tu le sens, tu le sais, tu as beau te débattre dans les rets au milieu desquels tu t'es enveloppé toi-même, tous tes complots sont déjoués, tu es perdu, bien perdu cette fois!

Il y eut un court silence pendant lequel les deux ennemis demeurèrent haletants et se défiant du regard.

Mais tout à coup un changement étrange s'opéra dans la contenance et les traits du baron, l'éclair de son regard s'éteignit, les lignes crispées de son visage se détendirent, deux larmes jaillirent de ses yeux et coulèrent lentement le long de ses joues, il se rapprocha de la jeune femme, toujours fière et menaçante :

— Anna, lui dit-il d'une voix douce et que l'émotion faisait trembler, Anna, tu as raison, je suis vaincu, vaincu, non par ta haine, mais par mes remords. Le jour se fait enfin dans mon âme bourrelée; oui, tu as dit vrai, pauvre fille, je suis un misérable, indigne de pardon; je t'ai lâchement trompée, la fougue de la jeunesse, une soif insatiable de plaisirs, l'ambition, l'orgueil, la soif de l'or m'ont emporté; j'ai voulu être riche et puissant. Tu étais un obstacle pour l'accomplissement de mes désirs, je t'ai brisée froidement, de parti pris; j'ai broyé ton cœur qui n'avait jamais battu que pour moi. Oh! crois-moi, pauvre enfant, si j'ai été coupable, j'ai chèrement payé mon crime; depuis bien longtemps je souffre un horrible martyre, car, tu l'as dit, tu es mon remords, tu es ma conscience. Mais seras-tu implacable? Implorerai-je en vain mon pardon? Ne te laisseras-tu pas attendrir par mes larmes?

— Larmes de tigre qui ne peut dévorer la proie qu'il convoite, répondit-elle avec un accent de mépris suprême. Frédéric, déjà une fois tu as joué devant moi cette comédie odieuse du repentir, aujourd'hui je ne me laisserai pas tromper par toi.

— Anna! je t'en supplie, si ce n'est pas pour moi, que ce soit au moins pour ton fils, pour notre enfant, cette innocente créature qui ne peut subir la honte des crimes de son père.

— Ton fils, tu oses parler de ton fils! s'écria-t-elle avec un élan de généreuse indignation; oh! c'en est trop!

— Oui, je t'implore au nom de ton fils, reprit-il d'une voix qui se faisait de plus en plus plaintive; aie pitié de lui, Anna, aie pitié de toi-même; c'est lui, c'est toi que tu brises, en poursuivant cette vengeance implacable dont tu veux me rendre victime! Crois à mon repentir, il est sincère! Tu m'as fait comprendre mon infamie, ne me pousse pas dans l'abîme au fond duquel je suis sur le point de rouler, si tu refuses de me tendre une main secourable. Vois, Anna, mon premier, mon seul amour, je suis à tes pieds; laisse-toi attendrir par mon désespoir.

Et il se laissa tomber à ses pieds.

— Misérable! s'écria-t-elle en se rejetant vivement en arrière, misérable qui implore, qui supplie et qui ose parler de repentir au moment même où il caresse sous son manteau la poignée de l'arme dont il se prépare à me frapper!

Le baron poussa un rugissement de tigre en se voyant si bien deviné; renonçant à tout ménagement, il se releva d'un bond et s'élança le poignard à la main en s'écriant avec un accent terrible :

— Ah! démon! tu ne jouiras pas de ton triomphe; si je dois succomber, tu me précéderas dans la mort.

— C'en était fait de la jeune femme, rien ne pouvait la sauver; instinctivement elle avait fait un mouvement pour fuir, mais arrêtée par le baron qui lui serrait le bras comme dans une main de fer, elle vit le poignard étinceler au-dessus de sa tête; elle s'affaissa sur elle-même et ferma les yeux.

— Enfin! s'écria le baron avec un ricanement de hyène.

Tout à coup un tumulte affreux, mêlé de cris et d'imprécations, s'éleva de toutes les parties de la maison.

Le baron s'arrêta, il prêta l'oreille.

Le bruit augmentait, il semblait se rapprocher.

Le baron jeta un regard dédaigneux sur sa victime pantelante et à demi évanouie à ses pieds.

— A quoi bon la tuer maintenant, murmura-t-il avec un accent de rage satisfaite; le coup a réussi, cette vengeance sera complète! Ah! cette fois je triomphe! Quant à toi, misérable créature, ajouta-t-il avec un ricanement terrible en poussant la jeune femme du pied, vis, je te fais grâce! je tiens une plus précieuse victime!

Il s'élança vers la porte qu'il brisa et bondit hors de la maison en poussant un dernier cri de joie qui n'avait rien d'humain.

Presque au même instant, une porte intérieure s'ouvrit, M. Hartmann, Otto, Yvon, et une dizaine d'autres personnes se précipitèrent en tumulte dans le vestibule, brandissant des armes; quelques francs-tireurs tenaient des torches allumées.

— Mon Dieu, s'écria la jeune femme, que se passe-t-il?

— Lania! Charlotte! répondirent les convives d'une seule voix.

— Enlevées! disparues! ajouta M. Hartmann avec désespoir.

— Mon Dieu! fit la jeune femme; et se dressant toute droite : là! là! ajouta-t-elle d'une voix brisée; l'assassin! courez! courez!

— Quel assassin? demanda Yvon avec terreur.

— Poblesko! le traître, le lâche, reprit-elle, il ne peut être loin! poursuivez-le!

Et succombant à son émotion, elle tomba évanouie dans les bras d'Otto.

— Venez! venez! s'écria Yvon en se précipitant hors de la maison.

Tous les francs-tireurs le suivirent.

Ce n'était que trop vrai, Mme Hartmann, Mme Walter, sa fille, et Lania avaient disparu.

Si la plus importante partie du plan de M. de Stambow avait échoué, la seconde avait réussi, ses complices, par ses ordres et après avoir longtemps attendu son arrivée, retardée par sa rencontre avec Anna Sievers, s'étaient emparés de ces précieux otages.

VIII

COMMENT M. JEYER RENCONTRA LE PARISIEN ET CE QUI ADVINT DE CETTE RENCONTRE.

Nous reviendrons maintenant au commandant Michel, que nous avons abandonné au moment où il avait quitté la hutte, en compagnie de Lilias, pour se rendre à l'appel de la baronne de Steinfeld.

Tout en marchant d'un pas pressé, côte à côte avec la jeune fille, Michel essaya de l'interroger; mais ce fut en vain qu'il lui adressa les questions les plus subtiles ou les plus détournées, il ne put obtenir aucune réponse favorable de la jeune fille; elle ne savait rien, ou, ce qui est plus probable, elle feignait de ne rien savoir et détournait constamment la conversation avec une adresse qui prouvait à la fois sa présence d'esprit et son parti définitivement pris de le laisser dans la plus complète ignorance sur les choses qu'il avait un intérêt si grand à connaître.

L'officier se résolut à garder le silence.

Il était évident que la jeune fille avait reçu une consigne et qu'elle ne voulait y manquer pour rien au monde.

Ce silence se continua pendant environ dix minutes entre les deux compagnons de voyage que le hasard avait si fortuitement réunis.

Ce fut Michel qui le premier reprit la parole.

Devant eux la route nue et couverte de neige s'étendait à perte de vue, permettant de distinguer les moindres objets à une grande distance; de chaque côté du chemin et formant une espèce de muraille naturelle, s'élevaient des massifs de ronces et de hauts taillis.

— Avons-nous longtemps à marcher encore? demanda l'officier après cinq minutes de marche silencieuse; je ne vois pas encore la voiture dont vous m'avez parlé.

— Regardez à vos pieds, répondit-elle laconiquement et sans ralentir sa marche.

Le jeune homme baissa les yeux; des traces de roues étaient parfaitement visibles sur le sol que la neige ne tachait que par places.

— C'est vrai, dit-il; mais je n'y comprends plus rien.

— L'énigme n'est pourtant pas difficile à deviner, répondit-elle avec malice; ma marraine a fait avancer la voiture beaucoup plus loin que vous et moi nous ne l'avons supposé; nous avons passé sans nous en apercevoir devant l'endroit où elle est; maintenant nous sommes obligés de retourner en arrière et, tenez, là-bas, près de cet énorme pin, à l'entrée de cette clairière, apercevez-vous la voiture?

— C'est ma foi vrai; décidément, chère enfant, vous êtes un excellent guide, je n'en demanderais pas de meilleur pour le suivre au bout du monde.

— Je ne vous conduirai pas si loin, monsieur l'officier, dit-elle en riant; je craindrais trop...

— Quoi donc? demanda-t-il en voyant qu'elle s'interrompait.

— Rien, je m'entends, reprit-elle; hâtons-nous, ma marraine s'impatiente, le temps est mal choisi pour dire des galanteries.

Le jeune homme se mordit les lèvres, mais il ne répondit pas.

Ils continuèrent à marcher, et bientôt ils ne furent plus qu'à une dizaine de pas à peine de la voiture.

La baronne ouvrit alors la portière, sauta sur le sol et s'avança vers eux d'un pas pressé; le commandant se hâta de se rapprocher d'elle.

— Laisse-nous, petite, dit la baronne à la jeune fille qui s'éloigna aussitôt.

— Madame, dit le commandant en la saluant respectueusement, je me suis empressé de me rendre à votre appel.

— Et je vous en remercie, pour moi et pour vous, monsieur, répondit-elle gracieusement, mais veuillez me suivre, je vous prie, j'ai découvert près d'ici un arbre immense, mort de vieillesse, mais debout encore, dont le tronc est complétement creux, nous serons là fort bien pour causer des affaires graves qui m'ont obligée à me mettre à votre recherche.

— Je suis à vos ordres, madame.

Ils firent quelques pas sans échanger une parole, la baronne s'arrêta devant un géant séculaire de la forêt, dont le tronc immense était en effet complétement creux.

— Voilà notre salle de conseil, dit la baronne en pénétrant dans la cavité. Vous voyez que d'autres s'y sont abrités avant nous; nous y serons très-bien.

En effet, cette cavité avait environ quinze pieds de tour, ce qui lui donnait les dimensions d'une pièce de moyenne grandeur; sa hauteur était d'une douzaine de pieds, le sol était uni et très-sec; quelques bottes de fourrage étaient jetées dans un coin, deux bancs, un escabeau et une table, le tout grossièrement taillé à coups de hache, meublaient cette étrange demeure, qui dans un temps assez rapproché avait dû servir d'habitation à quelque bûcheron; peut-être même le singulier propriétaire de cette étrange hutte l'habitait-il encore, et quelques raisons connues de lui seul le tenaient-elles éloigné en ce moment.

La baronne, comme si elle eût fait les honneurs de son salon à un ami en visite, invita avec un gracieux sourire le commandant à s'asseoir, puis elle s'assit elle-même.

Il y eut un court silence; évidemment, chacun des deux interlocuteurs hésitait à prendre la parole.

— Monsieur Hartmann, fit enfin Mme de Steinfeld, d'une voix douce et affectueuse, j'ai contracté envers vous des dettes de reconnaissance dont jamais, quoi que je fasse, je ne serai assez heureuse pour m'acquitter; deux fois le hasard nous a mis en présence, deux fois je vous ai dû la vie.

— Madame!...

— Je dois me souvenir et je me souviens, monsieur; j'ai fait le serment de me dévouer complétement à vos intérêts et à ceux des personnes que vous aimez pendant tout le temps que durera cette horrible guerre, c'est-à-dire pendant tout le temps que vous et les vôtres vous serez exposés à des dangers que nulle puissance et nulle prudence humaines ne parviendraient à vous faire éviter, si un ami dévoué et fidèle ne se donnait pas la tâche de vous prévenir d'être sur vos gardes. Ce serment, je le tiendrai quoi qu'il m'en coûte ; des soupçons se sont déjà élevés contre moi, j'ai été arrêtée et conduite à Spandau, mais j'ai réussi à prouver mon innocence et on m'a relâchée ; je suis revenue aussitôt et j'ai recommencé une lutte mortelle contre votre plus implacable ennemi.

— Ce misérable Poblesko ! s'écria le commandant avec colère, ce serpent que nous avons réchauffé dans notre sein, et qui paye nos bienfaits...

— Par la plus noire ingratitude ; cela est presque toujours ainsi ; ne le savez-vous pas, monsieur ?

— Peu m'importe la haine de ce lâche coquin, madame ; une fois déjà je l'ai tenu entre mes mains ; je pouvais l'écraser, j'ai dédaigné cette vengeance ; après lui avoir fait rendre gorge, je l'ai laissé aller.

— Je le sais ; vous avez eu tort, monsieur ; quand on tient un serpent, il faut, non-seulement écraser sous le talon de sa botte sa tête hideuse et gonflée de venin, mais encore couper son corps par morceaux et en jeter au loin les tronçons pour les empêcher de se rejoindre ; si la haine de cet homme ne s'adressait qu'à vous, cela serait de mince importance ; vous êtes soldat, et, par conséquent, en état de vous défendre ; mais il n'en est pas ainsi, ce monstre, qui n'a d'humain que le visage, enveloppe dans sa haine votre famille tout entière ; il a préparé contre eux une vengeance horrible, à laquelle peut-être, à moins d'un miracle, nous ne réussirons pas à les sauver.

— Au nom du ciel, madame, expliquez-vous ! vous m'épouvantez, s'écria-t-il avec agitation.

— J'ai réussi, avec l'aide de Dieu, et au risque de me perdre moi-même, à m'emparer de ce plan machiavélique et dont la conception dépasse tout ce que la férocité la plus sauvage pourrait imaginer.

— Et ce plan ?

— Il est entre mes mains, le voici.

La baronne lui tendit alors les papiers que quelques jours auparavant elle avait réussi à enlever au banquier Jeyer pendant son sommeil.

L'officier s'en empara vivement et fit un mouvement comme pour lire ces papiers.

— Attendez, lui dit-elle.

Il releva la tête et cacha les papiers dans son sein.

— Parlez, madame, dit-il, c'est moi maintenant qui suis votre obligé.

— Hélas ! fit-elle avec tristesse, qui sait si mes efforts n'auront pas abouti à presser l'affreux dénoûment que nous redoutons ? voici quatre jours que ces papiers sont entre mes mains ; depuis quatre jours je vous cherche en vain partout, c'est par hasard que seulement aujourd'hui, il y a deux heures à peine, j'ai pu découvrir où vous étiez ; depuis quatre jours, songez combien d'heures se sont écoulées ; qui sait si cet homme n'a pas été prévenu par son complice, ce Jeyer à qui j'ai enlevé ces papiers.

— Ah ! ce juif lâche et odieux est aussi de cette conspiration ?

— Il est le principal affidé de Poblesko.

— Mais ce Poblesko, où est-il, lui ?

— Depuis dix jours, déguisé et sous un faux nom, il s'est mêlé...

— Dessau ! s'écria-t-il avec explosion.

— Oui, tel est le nom sous lequel il se cache.

— Ah ! s'écria-t-il avec colère, pourquoi s'est-on obstiné à ne pas me croire ! je l'avais deviné du premier coup d'œil, malgré la perfection de son déguisement. Oh ! cette fois, il aura un rude compte à me rendre. Je vais à l'instant...

— Arrêtez ! dit-elle, en l'obligeant à se rasseoir, car Michel s'était levé avec impétuosité et allait s'élancer au dehors.

— C'est juste, il est important que je sache tout avant que de punir.

— Vous parlez de punir, monsieur, fit-elle en hochant tristement la tête, qui sait si déjà cet homme n'a pas accompli sa vengeance et échappé à la vôtre?

— Expliquez-vous, au nom du ciel! le terrain brûle sous mes pieds, je dois voler au secours des miens.

— Si c'est fait, il est trop tard; si ce n'est pas fait encore, vous avez plusieurs heures devant vous, ce qu'il médite est une œuvre de ténèbres, et ne doit s'accomplir que pendant la nuit; où vos francs-tireurs ont-ils établi leur bivouac pendant la nuit d'avant-hier?

— Autour d'une fromagerie isolée, chez un marquard, qui aux premiers bruits de guerre a abandonné son exploitation et s'est réfugié à Colmar.

— Ce n'est pas cela; avez-vous vu vos gens?

— Pas depuis quatre jours, je marche en avant pour éclairer le chemin.

— Comment se fait-il que Lilias vous ait trouvés campés?

— Ce n'était pas un campement, mais une halte pour se reposer une heure en déjeunant. Quand j'ai reçu votre lettre, dont le contenu m'a inquiété, j'ai expédié un homme sûr à mes amis pour les prévenir de ne pas quitter leur campement, mais d'attendre mes ordres.

— Vous avez agi avec prudence; cet homme vous apportera sans doute des nouvelles.

— Avant deux ou trois heures, il ne peut manquer d'être de retour.

— Dieu veuille que je me sois trompée, et que ces nouvelles soient bonnes. Où votre troupe s'est-elle arrêtée hier au soir?

— Dans une fromagerie très-importante, dans un chalet dont le maître n'a pas voulu s'éloigner, et où l'hospitalité la plus cordiale lui a été offerte.

— Ce chalet est-il éloigné de Seiveens?

— Non, il est à peine à trois lieues.

— S'il en est ainsi, monsieur, rassemblez tout votre courage.

— Madame, au nom du ciel!...

— Toutes les mesures étaient prises à l'avance pour l'enlèvement de tous les êtres qui vous sont chers, votre mère, votre sœur, et votre fiancée, votre fiancée surtout dont Poblesko a juré de faire sa maîtresse.

— Oh! c'est impossible! s'écria-t-il en se levant, Dieu ne permettra pas qu'un tel crime s'accomplisse; je cours...

— Où irez-vous? que pourrez-vous faire? Qui sait où M. Poblesko a conduit ses malheureuses victimes?

— Je le saurai; adieu, madame! Soyez bénie pour le service que vous avez voulu me rendre; laissez-moi, je pars; je les sauverai, je le jure, ou je mourrai.

— Prenez garde! prenez garde! s'écria la baronne en s'élançant vers lui et le retirant vivement en arrière.

Au même instant un coup de feu se fit entendre, presque immédiatement suivi d'un second.

— Ah! s'écria la baronne en chancelant.

L'officier la reçut dans ses bras.

Elle était subitement devenue affreusement pâle et une tache rouge souillait sa robe un peu au-dessous du sein droit.

Le jeune homme enleva la pauvre femme dans ses bras, la transporta dans le fond de la cavité et la fit coucher sur les bottes de paille qu'il jeta pêle-mêle à terre.

Tout à coup deux personnes entrèrent dans la cavité, l'une était Lilias, qui se précipita en pleurant au secours de sa maîtresse; l'autre était le Parisien.

— Bravo! s'écria-t-il joyeusement en apercevant Michel; vous n'êtes pas touché, commandant? voilà une chance. Vive la joie et les...

— Tais-toi, malheureux, s'écria vivement Michel en lui saisissant le bras, il y a là une

Antoine à une fromagerie isolée (page 83).

pauvre femme que la balle a frappée, et qui expire peut-être en ce moment.

— Pas possible, comment la balle aurait frappé une femme! Oh! misérable, c'est elle qu'il visait, pour sûr.

— Regarde.

— C'est pardieu vrai! s'écria-t-il avec tristesse. Ah! c'est comme ça, s'écria-t-il tout à coup en frappant la crosse de son fusil à terre; ah bien! sois tranquille, mon bonhomme, nous allons rire...

Et, avant que le commandant songeât à s'y opposer, il s'élança en courant hors de la cavité et presque aussitôt il disparut au milieu des broussailles, fort épaisses en cet endroit.

Mais il reparut presque aussitôt, traînant par les jambes, sans le moindre ménagement, un homme qui poussait des hurlements de douleur entremêlés de piteuses supplications auxquelles le Parisien ne faisait pas la plus légère attention.

— Ah! sapristi, que j'ai eu l'œil américain de vous désobéir, mon commandant, disait le sergent tout en marchant; je me méfiais de quelque chose : toujours être à la riposte avec ces brigands de Prussiens; c'est pis que des bédouins, quoi; ça tue les femmes et les enfants sans dire gare; v'là l'homme qu'a fait le coup, mon commandant; vous avez entendu chanter mon flingot, c'est sur lui que j'ai tiré, trop tard malheureusement, j'me suis pas assez méfié, et puis j'ai tiré au jugé. C'est égal, j'lui ai endommagé une patte; r'gardez-moi cette frimousse-là, mon commandant, vous la reconnaissez, hein? Il n'y a pas longtemps que vous l'avez vue. Allons, retournez-vous, l'homme, pour qu'on vous voie.

Tout en parlant ainsi, l'implacable sergent était arrivé auprès du commandant; imprimant alors une secousse à l'individu qu'il traînait avec si peu de ménagement, il le retourna brusquement sur le dos.

Le misérable poussa un dernier gémissement et ferma les yeux.

— Jeyer! s'écria Michel avec horreur.

— Lui-même en personne naturelle, mon commandant, un joli coquin, sur ma parole; que faut-il en faire?

— Brûle-lui la cervelle, c'est un assassin, il a mérité la mort.

— Très-bien, mon commandant; c'est entendu, n'vous occupez plus de ça, allez un peu voir la petite dame.

Michel s'élança aussitôt vers la baronne qu'il se reprochait d'avoir si longtemps négligée dans la situation où elle se trouvait.

Le sergent le suivit sournoisement du regard, et lorsqu'il se crut assuré que son chef ne songeait plus à lui :

— Pour un assassin, c'est un assassin, dit-il de sa voix goguenarde, mais quant à lui brûler la cervelle, nisco; ça ne serait pas drôle, et puis ce serait trop vite fini; il faut qu'il sente la mort venir, cela fera plaisir à la petite dame; pauvre chère créature, si belle et si aimable, si ce n'est pas une abomination de la tuer comme ça comme une perdrix.

Tout en parlant ainsi, le sergent suivait sournoisement du regard les mouvements du jeune homme; lorsqu'il se fut assuré que celui-ci, complétement absorbé par les soins qu'il donnait à la blessée, ne songeait en aucune façon à lui, il s'éloigna tout doucement en tirant après lui le malheureux banquier, et en murmurant avec un accent sardonique cette phrase qu'il semblait particulièrement affectionner :

— Nous allons rire.

Il marchait doucement, regardant attentivement autour de lui et parfois levant la tête en l'air comme s'il eût cherché quelque chose qu'il ne pouvait trouver :

— Voilà mon affaire, s'écria-t-il enfin, avec un geste de satisfaction, et s'adressant au banquier qui avait recommencé à geindre piteusement : Ne t'impatiente pas, mon bonhomme, dit-il; je m'occupe de toi, ajouta-t-il avec une gaieté sinistre qui fit frissonner le misérable.

Il lâcha la jambe du blessé qui poussa un gémissement et s'approcha d'un arbre assez élevé, un merisier qui jusqu'à la hauteur d'une quinzaine de pieds était complétement privé de branches.

Le sergent, après avoir examiné cet arbre avec une expression d'évidente satisfaction, se débarrassa d'une corde assez fine, mais d'une solidité à toute épreuve, qui lui ceignait les reins et faisait de nombreux tours autour de sa ceinture.

— Ce que c'est que d'être prévoyant pourtant, murmura-t-il ; ma petite corde a enfin trouvé son emploi.

Lorsque la corde fut complétement déroulée, il attacha une pierre à l'une de ses extrémités et la lança par-dessus une branche horizontale; la pierre retomba de l'autre côté; le sergent tira alors la corde jusqu'à ce qu'elle se trouvât à deux ou trois pieds de terre à peu près, puis il confectionna un nœud coulant avec le soin le plus minutieux.

En ce moment un bruit assez fort se fit dans les broussailles.

Le Parisien releva la tête.

Le sergent Pétrus Weber et sept ou huit francs-tireurs venaient de pénétrer dans la clairière où il se trouvait.

— Tiens, tiens, tiens, dit-il d'un air goguenard, soyez le bienvenu, collègue.

— Merci! qu'est-ce que vous confectionnez donc là avec tant de soin?

— Vous le voyez, collègue, une mécanique pour régler le compte de monsieur, répondit-il en montrant le banquier aplati littéralement sur le sol.

— C'est une idée; qu'est-ce que c'est que ce particulier?

— Regardez de plus près.

Pétrus le poussa du pied.

— Le banquier Jeyer! dit-il.

— Lui-même, pour nous servir... de passe-temps, dit le Parisien de plus en plus goguenard; mais comment se fait-il que vous soyez venu par ici, collègue?

— Dame, sergent mon ami, j'ai entendu deux coups de feu, et comme le commandant Michel est aux environs, cela m'a inquiété et je me suis mis à sa recherche.

— Vous avez bien fait, sergent; ces deux coups de feu ont été tirés, le premier par cet homme et le second par moi.

— Ah! ah! en effet, j'ai cru reconnaître le son de votre fusil, et le commandant n'est pas blessé?

— Non, heureusement, mais ce drôle a atteint et peut-être tué une femme charmante avec laquelle le commandant était en train de causer de bonne amitié.

— Que me dites-vous donc là?

— La vérité.

— Comment, ce misérable a eu la lâcheté de tirer sur la baronne de Steinfeld?

— Comme sur un lapin, oui, collègue; avancez un peu et vous trouverez la pauvre femme étendue là, dans la cavité d'un arbre mort.

— J'y cours; pauvre femme! s'écria Pétrus, j'espère que vous ne ferez pas grâce à ce coquin?

— Je n'en ai pas l'air, il me semble, fit le Parisien en ricanant.

Pétrus, après avoir d'un signe ordonné à ses volontaires de ne pas le suivre, s'élança dans la direction que le zouave lui avait indiquée.

Celui-ci se remit impassiblement à la besogne, aidé cette fois par les volontaires.

La clairière dans laquelle le zouave s'était arrêté était assez vaste; avant la guerre, elle avait été le centre d'une grande coupe de bois ainsi que le prouvaient non-seulement beaucoup d'arbres marqués pour être abattus, mais une grande quantité d'autres, dont les troncs seuls émergeaient du sol, et qui, après avoir été débités, étaient empilés les uns sur les autres, tout prêts à être enlevés; la guerre était survenue, les travaux avaient été interrompus, et naturellement les troncs et les branches débités étaient restés là, en attendant des temps meilleurs.

Sur l'ordre du Parisien, une espèce de plate-forme fut disposée par les francs-tireurs au moyen de ces morceaux de bois au pied même de l'arbre destiné à servir de potence.

Cela fait, on plaça M. Jeyer debout sur la plate-forme, le corps appuyé contre l'arbre lui-même; on lui passa la corde au cou, puis deux francs-tireurs le soulevèrent tandis que le Parisien glissait sous ses pieds un madrier en forme de rouleau; la corde fut ensuite attachée solidement.

— Là, voilà qui est fait, dit le Parisien en se frottant les mains; j'espère que ma mécanique est fameuse.

Les trois francs-tireurs descendirent alors de la plate-forme, abandonnant le malheureux banquier à lui-même.

Voici quelle était la position de M. Jeyer: il avait le corps adossé au tronc de l'arbre, l'extrémité de ses pieds reposait sur le rouleau, la corde passée autour de son cou était tendue, mais pas assez cependant pour gêner la respiration outre mesure; seulement, au moindre mouvement qu'il ferait, le rouleau s'échapperait, glisserait sur la plate-forme, alors l'équilibre serait rompu et l'assassin demeurerait bel et bien pendu sans rémission.

Le Parisien l'en avertit charitablement.

— Au nom du ciel! tuez-moi tout de suite, s'écria le misérable, ne me faites pas souffrir cet horrible supplice.

— Nous ne voulons pas tuer l'âme avec le corps, répondit froidement le sergent; vous êtes un grand coupable, profitez des quelques instants qui vous restent encore pour prier et recommander votre âme à Dieu.

— Quelques minutes me suffiront-elles pour implorer le pardon de mes crimes? s'écria-t-il avec désespoir.

— C'est votre affaire, cela ne me regarde pas.

— Hélas! mes forces s'épuisent, grâce, au nom du ciel!

— Vous êtes condamné, priez si vous l'osez.

— Grâce! grâce! reprit-il avec un râle; tuez-moi tout de suite.

— Non.

— Je suis riche, je porte sur moi plus d'un million en or et en billets de banque; prenez tout, je vous le donne, mais laissez-moi la vie, la vie, la vie, si misérable qu'elle soit, plutôt que cette horrible mort. Pitié! je n'en puis plus.

— Priez; votre or ne vous sauvera pas, nous n'en avons que faire. Déjà nous vous avons pardonné une fois; priez, vous êtes condamné sans appel. Adieu.

Le sergent fit un geste, et les francs-tireurs s'éloignèrent avec lui. Pendant quelques instants, les prières, les supplications, les menaces et les blasphèmes du misérable les poursuivirent.

Ils pressèrent le pas; tout à coup ils entendirent un cri horrible et qui n'avait rien d'humain; si braves qu'ils fussent, ils tressaillirent et le sang se glaça dans leurs veines.

Justice était faite; le banquier avait rendu son âme au Créateur, son corps n'était plus qu'un cadavre.

Cependant Michel Hartmann était fort embarrassé, il ne s'entendait pas le moins du monde à panser les blessures; Lilias, la pauvre enfant, ne s'y entendait pas plus que lui, elle pleurait, c'était tout ce qu'elle pouvait faire.

La baronne avait perdu connaissance.

Michel se creusait en vain la cervelle pour inventer un moyen de venir en aide à cette femme charmante qui, depuis quelque temps, lui avait donné tant de preuves de dévouement et qui, en ce moment, gisait mourante à ses pieds, victime de la dernière tentative qu'elle avait faite pour sauver lui et tous ses compagnons.

Les deux domestiques de la baronne, vieux serviteurs qui lui étaient entièrement dévoués, étaient accourus au bruit des coups de feu; eux non plus ne savaient que faire; leur impuissance les désespérait.

En ce moment Pétrus parut.

En l'apercevant, Michel poussa un cri de joie et s'élança vers lui.

Pétrus Weber, avant de se faire franc-tireur, était étudiant en médecine depuis plusieurs années déjà; il avait fait d'excellentes études, et, lorsque la guerre éclata, il ne lui restait plus que son doctorat à passer et à subir sa thèse.

En quelques mots, Michel le mit au courant des événements.

— Je savais déjà tout cela, répondit-il, le Parisien me l'avait dit; en quel état se trouve la blessée?

— Elle est évanouie.

— Tant mieux, l'évanouissement, en ralentissant la circulation du sang, permet au caillot de se former; vous savez que je m'étais d'abord engagé comme médecin dans les francs-tireurs d'Altenheim; j'ai dans mon sac tout ce qu'il me faut pour sonder la plaie et faire un pansement; ne désespérons pas encore.

— Pensez-vous sauver cette malheureuse femme, mon cher Pétrus?

— Je ferai tout mon possible pour cela, mais quant à présent, je ne puis rien dire, je ne l'ai pas vue.

— C'est juste, je ne sais où j'ai la tête de vous retenir là ; venez.

Ils s'approchèrent alors des bottes de paille sur lesquelles la baronne était étendue.

— Laissez-moi seul avec la blessée, dit Pétrus, cette jeune femme me suffira pour le pansement, je n'ai pas besoin de vous, empêchez qui que ce soit d'entrer.

— Ne me laissez pas en proie à cette inquiétude qui me dévore ; dès que vous aurez examiné la blessure, dites-moi si elle est grave, mortelle ou légère ; je préfère la plus affreuse certitude au sentiment qui me serre le cœur en ce moment.

— Je vous donne ma parole d'honneur, mon cher Michel, que lorsque je le saurai moi-même, je vous dirai franchement et sans rien vous cacher ce qui en est ; allez, quelques-uns de nos camarades sont ici, faites-leur chercher de l'eau ou, à son défaut, de la neige, de la neige même vaudra mieux, j'en aurai besoin pour le pansement.

Michel quitta alors la cavité ; au même instant, le cri suprême poussé par le banquier se fit entendre avec un retentissement lugubre, le jeune homme frissonna.

— Qu'est cela? se demanda-t-il en jetant un regard autour de lui ; serait-ce un nouveau malheur? Dieu nous en préserve !

Mais la vérité lui fut presque aussitôt expliquée par l'arrivée du Parisien et de ses compagnons.

Lorsque le Parisien eut terminé son rapport, Michel se découvrit.

— Que Dieu lui pardonne, dit-il.

— Que faut-il faire du cadavre? demanda le Parisien.

— Creuser une fosse et l'enterrer à l'instant.

— Mon commandant, cet homme avant de mourir nous a révélé qu'il portait sur lui des sommes considérables en or et en billets de banque, plus d'un million d'après son dire.

— Il nous a même offert ses richesses, si nous consentions à le laisser vivre, dit l'Amoureux.

— Qu'est-ce que vous avez fait de cet argent ?

— Nous n'y avons pas touché, mon commandant ; nous n'avons pas voulu sans votre ordre chercher dans ses vêtements.

— Vous avez bien fait ; je vous accompagnerai jusqu'au lieu de l'exécution, nous procéderons à la levée du cadavre, puis nous dresserons procès-verbal de tout ce qui sera trouvé sur lui ; cela fait, on l'enterrera ; deux d'entre vous creuseront une fosse, tandis que nous procéderons aux constatations ; vous, l'Amoureux, tâchez de vous procurer de l'eau, vous l'apporterez ici ; quant à vous, Chacal, demeurez à cette place ; si le sergent Pétrus me demande, vous viendrez me chercher aussitôt.

— Oui, mon commandant.

Pendant près d'une demi-heure — un siècle! pour le commandant — il attendit des nouvelles de la blessée. Rien. Son anxiété étant au comble Michel Hartmann allait en chercher lui-même.

Enfin Pétrus parut sur le seuil de la cavité ; le long et pâle visage du sergent était plus sombre et plus lugubre que jamais, ce qui sembla d'un bon augure à Michel qui le connaissait de longue date et par conséquent sur le bout du doigt.

Pétrus avait la joie sinistre, le bonheur sombre.

Michel s'élança vers lui.

— Eh bien? lui demanda-t-il avec agitation.

Le sergent le regarda un instant d'un air hagard.

— Je fumerais bien une pipe, répondit-il, sapristi, voilà plus de deux heures que je n'ai fumé.

Et il se mit incontinent à bourrer l'énorme pipe de porcelaine qu'il portait constamment pendue à sa ceinture.

— Parlez donc, mon ami, répondez-moi, s'écria Michel en frappant du pied avec impatience.

— Nous sommes tous mortels, reprit Pétrus, en frottant une allumette sur sa manche et l'approchant du foyer de sa pipe.

Michel se contint, il connaissait l'homme.

— Ah! cela fait du bien, dit le sergent en lâchant une énorme bouffée de tabac; vrai, j'avais besoin de cela.

— Voyons, Pétrus, au nom du ciel, mon ami, ayez pitié de moi, ne me laissez pas plus longtemps dans ces transes; maintenant votre pipe est allumée, rien ne vous manque, répondez-moi; que dois-je espérer? que dois-je craindre?

— Mon cher Michel, répondit Pétrus d'une voix caverneuse en s'enveloppant d'un épais nuage de fumée, vous êtes incroyable, sur ma parole! Croyez-vous donc que je serais si tranquille si j'avais une mauvaise nouvelle à vous donner? ce serait mal me connaître.

— Ainsi, il y a espoir! s'écria-t-il avec joie.

— Comment, s'il y a espoir, je le crois bien.

— Elle est sauvée!

— Tout ce qu'il y a de plus sauvé, cher ami.

— Dieu soit loué! fit-il avec sentiment; voyons, cher ami, ce premier point établi, expliquons-nous.

— Je ne demande pas mieux,

— Dites-moi positivement en quel état elle se trouve.

— Très-bien, cher ami, on ne peut mieux; demain, s'il lui plait, elle pourra danser la gavotte.

— Ne plaisantez pas, mon ami.

— Je n'ai jamais été plus sérieux; et ce que je dis est si vrai que la baronne serait déjà partie, si je ne m'y étais absolument opposé.

— Vous avez eu raison; je tiens à lui faire mes adieux.

En ce moment Mme la baronne de Steinfeld, pâle et tremblante, apparut appuyée sur l'épaule de Lilias.

— Pardonnez-moi l'inquiétude que je vous ai causée, monsieur, dit-elle en souriant; maintenant, c'est fini; je me sens parfaitement remise. Votre docteur, ce cher M. Pétrus, a fait des prodiges; il m'a guérie non-seulement de ma blessure qui n'est rien, mais de la peur qu'elle m'avait donnée, ce qui est beaucoup plus sérieux; je vais partir; je ne sais si nous nous reverrons jamais, messieurs; mais quoi qu'il advienne, votre souvenir me sera toujours précieux; je le conserverai éternellement dans mon cœur; ne perdez pas un temps précieux; un malheur est peut-être arrivé cette nuit; courez sans plus de retard où l'amour, l'affection et le devoir vous appellent; adieu encore, messieurs.

— Nous ne vous abandonnerons pas ainsi, madame.

— Ne vous occupez pas de moi, je n'ai rien à redouter; dans quelques heures, je serai à l'abri de toute insulte; je vous en prie, ne vous occupez plus de moi, songez à ceux qui peut-être en ce moment vous appellent avec désespoir.

— Hélas! j'avais tout oublié, s'écria Michel, ma mère, ma sœur.

— Et votre fiancée, dit-elle avec un sourire triste; qui sait ce qu'elle souffre en ce moment; allez, allez, je vous en supplie.

Elle fit un dernier geste d'adieu de la main, leur jeta un long regard et s'éloigna à pas lents.

Bientôt elle disparut au milieu des taillis; quelques minutes plus tard on entendit la voiture qui s'éloignait au galop.

Les deux hommes étaient demeurés immobiles, les regards fixés vers l'endroit où la charmante apparition s'était évanouie.

Michel poussa un soupir.

— Elle est partie, murmura-t-il.

— Oui, fit Pétrus, que Dieu la conduise ; nous ne ferons pas mal de suivre son exemple, nous n'avons plus rien à faire ici et d'autres devoirs nous appellent.

— Partons ! s'écria Michel d'une voix que l'émotion faisait trembler, partons, nous n'avons que trop tardé.

Quelques minutes plus tard, ce lieu où s'étaient passés ces sinistres événements était désert.

Les francs-tireurs avaient regagné la hutte.

IX

AU VILLAGE DE SEIVEENS.

Un tumulte effroyable régnait dans le chalet des Vosges.

Cette paisible demeure avait en quelques instants à peine complétement changé d'aspect.

Tandis qu'Otto de Walkfield enlevant Anna Sievers dans ses bras vigoureux, aussi facilement qu'il aurait fait d'un enfant, la transportait toujours évanouie dans la chambre qui lui avait été destinée et la confiait aux soins dévoués de sa fidèle Hélène, la plus grande partie des francs-tireurs, ayant à leur tête Yvon Kerdrel et M. Hartmann, suivis de serviteurs et de volontaires armés de torches, s'étaient élancés au dehors et visitaient avec la plus minutieuse attention les environs de la fromagerie.

La neige avait depuis quelques minutes discontinué de tomber : le temps s'était mis au froid ; le ciel, sans un nuage, était d'un bleu profond et semé d'une profusion d'étoiles étincelantes.

De nombreuses traces de pas existaient sur les derrières de la maison ; en diverses places la neige avait été piétinée ; à l'entrée de la forêt, à une dizaine de mètres sous le couvert, on découvrit un endroit où dans les ruines d'une cabane de bûcheron, et autour de cette cabane, une quinzaine de chevaux avaient été attachés et avaient dû stationner pendant au moins deux ou trois heures.

A cet endroit, à peine recouvert de neige, il existait dans la boue de nombreuses traces de pas ; ces traces continuaient pendant cent ou cent cinquante mètres à peu près, puis elles se séparaient en éventail et s'éloignaient dans trois directions différentes pour se perdre au loin au fond de ravins profonds où elles disparaissaient complétement.

Plusieurs postes de francs-tireurs, établis pendant la journée précédente dans diverses directions, afin de veiller sur le gros de la troupe, n'avaient rien vu et rien entendu.

L'enlèvement avait été exécuté avec une adresse extrême par des hommes parfaitement renseignés et connaissant sur le bout du doigt les moindres accidents du terrain sur lequel ils devaient manœuvrer.

Les recherches continuèrent ainsi avec la plus grande ardeur pendant toute la nuit, mais sans produire le moindre résultat sérieux.

Les francs-tireurs qui avaient été envoyés à la découverte dans plusieurs directions revinrent les uns après les autres, harassés de fatigue, sans avoir relevé le plus léger indice.

M. Hartmann et Yvon Kerdrel étaient au désespoir.

Il fut prouvé seulement que pour que l'enlèvement eût aussi complétement réussi, il fallait que les portes du chalet eussent été ouvertes à l'ennemi par un traître ; mais ce traître quel était-il ? comment le démasquer ? Sans doute il avait accompagné dans leur fuite les gens qui avaient exécuté l'enlèvement des dames.

On procéda à un appel général des francs-tireurs.

Deux ne répondirent pas à l'appel ; on reconnut que ces deux déserteurs étaient des hommes récemment enrôlés et dont la conduite jusqu'à ce moment avait été excellente.

Que déduire de cela ? étaient-ils coupables ? ou bien leur était-il arrivé malheur pendant les recherches faites la nuit ?

Vers huit heures du matin, le cadavre affreusement mutilé d'un de ces deux hommes fut trouvé gisant au fond d'une fondrière et apporté au chalet; ne pouvait-il être arrivé le même malheur au volontaire encore absent ?

En résumé, tout était ténèbres autour de ce sinistre événement.

Cependant, il était important d'agir au plus vite; on discutait à perte de vue sans rien conclure; tout à coup on aperçut un homme accompagné d'un enfant et suivi d'un énorme chien noir qui se dirigeait vers le chalet.

A sa vue, il y eut un cri de joie général.

— Le Loup-Garou ! le Loup-Garou ! s'écrièrent les francs-tireurs.

En effet c'était le digne contrebandier envoyé par Michel et qui arrivait au chalet, ne se doutant pas le moins du monde des malheureux événements survenus pendant la nuit.

Bien qu'il fût très-aimé des francs-tireurs, le Loup-Garou était loin de s'attendre à la réception qui lui était faite ; sa modestie s'en étonnait avec raison, jamais sa présence après une absence plus ou moins longue n'avait causé tant de fracas.

Il voulut interroger, mais on ne lui en laissa pas le temps.

M. Hartmann, Otto et Yvon Kerdrel s'emparèrent de lui et l'entraînèrent dans une chambre dont ils refermèrent la porte derrière eux, puis, sans autres préambules, Yvon Kerdrel, au nom de tous, lui raconta dans les plus minutieux détails, d'une voix que l'émotion faisait trembler, les événements de la nuit précédente.

Le contrebandier, triste et recueilli, écouta sans l'interrompre une seule fois le lamentable récit que lui fit le jeune homme avec cet accent désespéré qui va à l'âme.

Lorsque Yvon Kerdrel se tut, il hocha la tête à plusieurs reprises en murmurant à demi-voix, comme s'il se fût parlé à lui-même :

— Voilà sur ma foi un bien grand malheur ! Que va dire M. Michel ?

— Hélas ! s'écria M. Hartmann, il sera désespéré comme nous le sommes tous.

— C'est à en devenir fou ! murmura Yvon.

Le contrebandier redressa fièrement la tête, son regard lança un fulgurant éclair.

— Non, dit-il d'une voix sourde, ce n'est pas le moment de se laisser accabler par la douleur, il faut découvrir les coupables et les punir; en un mot montrer à ces ennemis sans foi qui s'attaquent aux femmes, que nous sommes des hommes qu'on n'insulte pas impunément. Qu'est-ce que vous avez fait après l'enlèvement ?

— Toute la nuit s'est passée en recherches infructueuses.

Un sourire ironique plissa les lèvres du contrebandier.

— Vous des hommes des villes, vous, dit-il, vous n'entendez rien aux forêts et aux déserts, je trouverai, moi.

— Malheureusement, ces recherches exigeront beaucoup de temps, et peut-être n'aboutiront-elles pas, dit M. Hartmann avec un soupir qui souleva sa poitrine comme un sanglot.

Le contrebandier cligna de l'œil, sa physionomie prit une expression indicible de ruse.

— Je vous demande deux heures, dit-il, est-ce trop ?

— Non certes, dit vivement Otto, et dans deux heures ?...

— Je saurai tout, répondit-il nettement.

— Mais c'est impossible, s'écria Yvon, je vous répète que nous nous sommes livrés aux

Un sentier dans les Vosges.

recherches les plus minutieuses, et que nous n'avons rien découvert.

— Cela ne m'étonne pas; moi, je découvrirai, j'en réponds, quand même ils se seraient terrés comme des taupes.

— A la grâce de Dieu ! murmura M. Hartmann avec abattement.

— Quand vous mettrez-vous en quête ? demanda Yvon.

— Dans un instant, répondit-il.

Il ouvrit la porte et appela.

— Eh ! petit gars !

L'enfant apparut presque aussitôt en courant.

— Me voilà, mon p'pa, répondit-il.

— Il est bon de ne rien oublier, dit le Loup-Garou, se parlant plutôt à lui-même que s'adressant aux assistants.

Il se tourna alors vers l'enfant, qui se tenait immobile sur le seuil de la porte.

— Petit gars, lui dit-il après l'avoir embrassé, tu vas retourner là-bas, à la hutte d'où nous venons, tu sais...

— Oui, mon p'pa.

— T'as entendu raconter par les camarades ce qui s'est passé ici cette nuit ?

— Oui, mon p'pa.

— Tu raconteras tout à M. Michel et tu lui diras qu'on l'attend ici avec les autres, et surtout qu'ils se dépêchent, c'est pressé; t'as bien compris, hein, petit gars ?

— Oui, mon p'pa.

— Répète un peu pour voir.

L'enfant redit alors, sans se tromper d'une syllabe, les instructions que son père lui avait données.

— C'est bien, t'es un gentil garçon; décampe et ne t'amuse pas en route.

— Y a pas d'soin, mon p'pa.

Il salua en se prenant une mèche de cheveux et tirant la jambe gauche en arrière, et il partit en courant.

— Tom! ici mon petit vieux, cria le contrebandier.

Le chien bondit jusqu'au milieu de la chambre.

— Reste avec moi, mon garçon, nous avons à travailler ensemble, lui dit le Loup-Garou en lui donnant une tape amicale sur le dos.

Le chien fixa ses yeux ardents sur son maître et remua la queue.

— Pouvez-vous me conduire à l'appartement occupé par ces dames? dit le contrebandier; j'ai besoin de le voir.

— Venez, lui dit Otto.

Ils quittèrent la pièce où ils se trouvaient et ils se rendirent dans une grande chambre dans laquelle étaient quatre lits séparés par des paravents.

— C'est ici, dit Otto.

— Restez au dehors, mais laissez la porte ouverte, reprit le contrebandier.

Et après avoir fait signe à son chien de le suivre, il pénétra dans la chambre.

Les lits étaient défaits, les malles ouvertes, tout était dans le plus complet désordre.

Le Loup-Garou, toujours suivi de son chien, examina minutieusement la pièce, s'arrêtant parfois, faisant sentir à Tom soit une robe, soit un schall, soit un mouchoir ayant appartenu à l'une ou à l'autre de ces dames.

Un gant de Lania était abandonné sur un meuble, il le fit à plusieurs reprises sentir à Tom, qui, chaque fois que son maître le soumettait à cette expérience, remuait la queue, poussait un gémissement doux et faible, et le regardait d'un air intelligent.

Enfin, après s'être livré pendant près de vingt minutes à ces expériences singulières, le Loup-Garou présenta de nouveau le gant à son chien et lui dit ce seul mot :

— Cherche !

Tom mit aussitôt le nez en terre, et après avoir fait un ou deux tours dans la chambre, il s'approcha de l'une des fenêtres, devant laquelle il aboya en remuant la queue.

— Tiens, dit le Loup-Garou, cette fenêtre n'est pas fermée, elle n'est que poussée; voyez donc.

— C'est vrai, murmurèrent les trois hommes qui, sur son invitation, avaient pénétré dans la chambre.

— C'est par là que ces dames ont été enlevées.

— Vous croyez? s'écria M. Hartmann.

— Pardieu ! Regardez Tom, il a un rare flair, allez; maintenant que nous tenons un bout de la piste, je vous réponds que nous arriverons bientôt à l'autre; suivez bien ce qui va se passer.

Le chien s'élança dehors d'un bond, son maître le suivit aussitôt, mais avec une certaine précaution; la fenêtre était à sept pieds du sol.

Au bas la terre était piétinée sur un assez grand espace.

Le Loup-Garou se baissa et ramassa dans la boue une fine chaîne d'or à laquelle pendait une mignonne croix du même métal.

— Regardez, dit-il.

— Cette chaîne et cette croix appartiennent

à ma pauvre enfant, s'écria M. Hartmann en baisant avec des sanglots ces chers objets.

— Vous voyez que je ne me suis pas trompé, reprit le contrebandier ; à peine me suis-je mis en route que j'ai déjà trouvé quelque chose.

Les trois hommes avaient tourné par un corridor et étaient sortis de la maison, leurs regards interrogeaient machinalement le sol.

Le chien, immobile sur ses quatre pattes, regardait son maître avec cette expression presque humaine que Dieu a mise dans l'œil de certaines nobles familles de la race canine.

— Vous me rendrez ma fille, n'est-ce pas, mon ami ? dit M. Hartmann avec prière.

— Tom et moi nous ferons tout ce que nous pourrons pour cela, monsieur, répondit le contrebandier de cet air moitié figue, moitié raisin qui lui était particulier.

Puis, présentant de nouveau le gant au chien :

— En route, lui dit-il, il faut nous hâter.

Le chien remua la queue, et il se mit aussitôt en quête.

Il alla tout droit à la hutte ruinée où les chevaux avaient été attachés.

— Nous sommes venus là déjà cette nuit, dit Otto.

— Ce n'était pas difficile, répondit le Loup-Garou d'un air goguenard.

— C'est vrai, reprit le jeune homme, les traces sont assez visibles.

Le chien, après avoir fait le tour de la hutte et pénétré dans l'intérieur, suivit la piste sans s'arrêter.

MM. Hartmann, Otto et Yvon Kerdrel, fort intéressés par les manœuvres singulières du contrebandier et de son chien, s'engagèrent eux aussi sur la piste.

Les francs-tireurs groupés devant la maison regardaient de loin.

— Je dois vous avertir, dit Otto, que la piste se divise en trois à quelques pas d'ici.

— Merci ; c'est une vieille ruse, bonne tout au plus pour tromper un homme de la ville, mais qui ne saurait donner le change à un chien aussi intelligent que Tom ; vous allez voir.

Arrivé à l'espèce de patte d'oie formée par les trois routes, le chien, sans s'arrêter, s'engagea résolûment dans celle de gauche.

— Nous sommes sur la bonne voie, dit laconiquement le contrebandier ; maintenant, il n'y a plus de danger que nous la perdions.

Les trois hommes suivaient toujours.

Au bout de trois ou quatre cents pas, le chien donna tout à coup des marques d'inquiétude, son poil se hérissa et il poussa un hurlement plaintif qui fit tressaillir les quatre hommes et glaça le sang dans leurs veines, et il bondit dans les taillis où il disparut aussitôt.

Un instant plus tard on l'entendit à une distance assez rapprochée pousser un hurlement plus lugubre encore que le premier.

— Qu'est-ce que cela veut dire ? demanda M. Hartmann.

— Cela veut dire que le chien a découvert quelque chose, un cadavre probablement.

— Un cadavre ! s'écrièrent-ils.

— Il faut aller voir, dit résolûment Yvon Kerdrel.

— J'allais vous le proposer, ajouta Otto.

— Allons, dit le contrebandier, qui était le seul qui fût muni d'un fusil et qui l'arma.

Tous quatre pénétrèrent alors dans le fourré ; à peine eurent-ils fait une dizaine de pas sous le couvert qu'ils aperçurent Tom, assis sur son train de derrière auprès du cadavre d'un homme étendu sur le sol et à demi recouvert de neige, ce qui prouvait que sa mort remontait au milieu de la nuit précédente.

En apercevant les trois hommes, le chien, sans quitter la place qu'il avait choisie, poussa un troisième hurlement.

Ils s'approchèrent; un coup d'œil suffit à Otto et à Yvon pour reconnaître dans ce cadavre le franc-tireur qui avait disparu, et que jusque-là on n'avait pu retrouver.

Le Loup-Garou se pencha sur le corps et pendant quelques minutes il l'examina avec la plus sérieuse attention.

— Cet homme a été assassiné, dit-il enfin, en se redressant.

— Assassiné! s'écrièrent-ils avec horreur.

— Voyez, son chassepot qui est près de lui est encore chargé.

— C'est vrai, fit Otto.

— Ses revolvers, passés à sa ceinture, le sont aussi.

— Qu'est-ce que cela veut dire? demanda M. Hartmann.

— Mettez votre main dans la poche du pantalon de cet homme, tout vous sera expliqué, reprit le contrebandier.

M. Hartmann se recula avec horreur.

— Vous ne voulez pas? attendez.

Le Loup-Garou enfonça la main dans la poche qu'il retourna; une vingtaine de pièces d'or, florins et frédérics roulèrent sur le sol.

— Comprenez-vous maintenant? dit-il.

— A peu près, dit Otto.

— Pas du tout, ajouta Yvon.

— Cet homme était un traître, murmura M. Hartmann.

— Juste, fit le Loup-Garou.

— Oh! prenez garde d'accuser sans être sûr, reprit Yvon.

— Cette certitude, vous l'aurez bientôt comme moi. Voilà ce qui s'est passé. Cet homme a fourni aux Allemands les renseignements nécessaires pour pénétrer dans le chalet, car si les dames ont été enlevées et passées par les fenêtres, les hommes chargés de ce rapt ont été introduits dans la maison par cet homme; l'enlèvement exécuté, pendant que vous vous livriez à d'inutiles recherches, cet homme s'est rendu tout droit ici en courant sous le couvert. Voyez, sa trace est assez visible. Un autre individu l'attendait ici pour lui payer le prix convenu de sa trahison, ce qu'il a fait, puis il l'a engagé à le suivre, le franc-tireur a refusé, l'autre a feint de se contenter des raisons qui lui étaient données, et ils se sont séparés ici, où vous voyez la terre foulée. Le franc-tireur ne se méfiait pas, il marchait vite afin d'être de retour au chalet avant qu'on se fût aperçu de son absence. L'Allemand, lui, au contraire, ne fit que quelques pas dans le sens opposé. Tout à coup il s'arrêta, pivota tout d'une pièce sur les talons; voyez, la marque est bien visible, puis, après une seconde d'hésitation, il s'est d'un bond élancé sur le franc-tireur, l'a saisi au collet brusquement, tiré en arrière, et il lui a coupé la gorge avec un long couteau de chasse dont il était armé.

— Le pseudo M. Dessau portait toujours un couteau de chasse, dit Otto, en forme de parenthèse.

Le Loup-Garou continua comme s'il n'eût rien entendu.

— Le pauvre diable est tombé roide mort, sans même jeter un cri, dit-il, l'assassin s'est penché sur lui peut-être dans l'intention de reprendre l'argent qu'il lui avait donné, mais quel que fût son dessein, il n'eut pas le temps de l'accomplir. Voyez le désordre des vêtements de la victime, un bruit que l'assassin entendit l'effraya; quel était ce bruit, peut-être la course effarée de quelque animal sauvage, l'assassin se releva et il courut à travers les buissons jusqu'à l'endroit où il avait attaché son cheval avant que de s'engager sous bois; il sauta en selle et partit à fond de train; voilà. Maintenant il s'agit d'enterrer décemment ce pauvre diable, il a chèrement payé le crime qu'il a commis.

— Que cela ne vous inquiète pas, Loup-Garou, mon ami, ce soin nous regarde, dit Otto.

— Oui, ajouta M. Hartmann; quant à vous, mon ami, n'interrompez pas vos recherches.

— C'est juste, messieurs, je n'ai perdu que trop de temps ici.

Il siffla son chien qui le suivit la tête et la queue basses, et il regagna mélancoliquement la route.

Les autres le suivirent silencieusement.

En atteignant la limite du couvert, le contrebandier étendit le bras vers un arbre au pied duquel le sol était piétiné et dont l'écorce était enlevée par place, à une hauteur d'environ quatre pieds, par le frottement continu d'une longe ou d'une corde.

— Voilà où le cheval était attaché, dit-il.

Et il passa.

Quelques minutes s'écoulèrent, le chien s'était remis en quête, sur un signe de son maître ; tout à coup il s'arrêta, sembla sentir le vent, puis d'un bond prodigieux il disparut dans les broussailles.

— Il y a quelque chose de nouveau, dit Otto.

— Oui, reprit laconiquement le contrebandier.

— Pressons le pas.

— C'est inutile, voyez le chien.

En effet, il n'avait fait pour ainsi dire que disparaître et reparaître.

Il revenait en courant vers son maître.

Il remuait la queue en poussant ces petits gémissements plaintifs qui lui étaient particuliers et il portait quelque chose dans sa gueule.

Il s'arrêta devant son maître et déposa à ses pieds ce qu'il portait.

C'était un gant de femme.

— Ce gant appartient à ma fille ! s'écria M. Hartmann en s'en emparant et le portant à ses lèvres par un mouvement convulsif.

— Messieurs, dit alors le contrebandier, vous le voyez, je tiens maintenant la piste ; quoi qu'il arrive, je ne la perdrai pas, et, je vous le jure, j'arriverai au but. Ce gant a été jeté exprès, j'en ai la conviction. Je suis certain de retrouver encore d'autres indices ; espérez : j'ai promis de retrouver les ravisseurs, coûte que coûte, je les retrouverai ; ne faites rien avant mon retour ; dans une heure, deux au plus tard, je serai près de vous, muni de tous les renseignements nécessaires ; il est inutile de m'accompagner plus loin, vous devez être maintenant complétement rassurés sur le résultat de mes recherches ; quittons-nous ici, vous retardez ma marche, et peut-être là-bas, au chalet, a-t-on besoin de vous.

— C'est juste, ami Loup-Garou, dit Otto, nous vous laissons, persuadés que vous réussirez.

— Rendez-moi ma fille, murmura M. Hartmann.

— Je vous l'ai dit déjà, monsieur, tout ce qu'un homme peut faire, je le ferai.

Il fit un dernier signe d'adieu avec la main, siffla son chien qui s'élança en avant, le nez à terre, et il s'éloigna d'un pas si rapide, que peu de gens auraient été en mesure de le suivre.

Presque aussitôt il tourna un angle de la route et disparut.

M. Hartmann retourna silencieux et pensif au chalet.

Des francs-tireurs, en furetant aux environs, avaient retrouvé le cadavre de leur camarade et l'avaient enlevé, ainsi qu'Otto s'en assura en passant devant l'endroit où le pauvre diable avait été assassiné.

Nous abandonnerons maintenant le chalet et faisant rétrograder notre histoire de quelques heures, nous conduirons le lecteur au village de Seiveens, dont il a été parlé plusieurs fois, et où se passaient alors certains événements de la plus haute importance et qu'il nous faut raconter.

Le gros bourg de Seiveens était avant la guerre un des centres les plus populeux et surtout les plus industrieux de toute la chaîne des Vosges françaises ; aussitôt la guerre déclarée, cette prospérité disparut comme par un coup de foudre ; quelques jours après Reischoffen, la population émigra en masse et le village fut abandonné.

Or, sept ou huit jours avant celui où nous pénétrons dans ce village changé en désert, il s'y était passé un événement étrange et qui certes aurait vivement excité la curiosité, si tous les environs à dix et même quinze lieues à la ronde, n'avaient pas été désertés eux aussi par leurs habitants, et surtout si les communications d'un point à un autre, si rapprochés qu'ils fussent, n'eussent pas été rendues presque impossibles dans ces hautes latitudes par la rigueur extraordinaire de l'hiver.

Un matin, au lever du soleil, une longue ligne de charrettes chargées de meubles, plusieurs troupeaux marchant à la queue leu-leu, suivis d'un grand nombre de paysans, avaient subitement apparu, gravissant les pentes abruptes de la montagne et se dirigèrent vers Seiveens.

Ces paysans portaient le costume national des montagnards et escortaient les charrettes, marchant gravement les uns derrière les autres, sans échanger une seule parole et fumant d'un air morne dans d'énormes pipes en porcelaine.

Détail singulier : tous ces paysans étaient jeunes, vigoureux ; leurs traits étaient durs, leur physionomie sombre, et il ne se trouvait pas parmi eux un seul homme qui eût dépassé le milieu de la vie ; de plus, il n'y avait pas un enfant, et les femmes, fortes gaillardes aux regards assurés et à l'allure presque virile, marchaient résolûment auprès des hommes, au lieu de s'abriter dans les charrettes contre la neige qui tombait drue depuis plusieurs heures déjà.

D'ailleurs, le nombre de ces femmes était fort restreint ; il n'y en avait que dix ou douze tout au plus, tandis que les paysans étaient au moins six cents ; c'est-à-dire que cette population nomade qui arrivait à Seiveens dépassait d'environ un cinquième la population primitive du village.

Lorsque les nouveaux venus atteignirent le bourg, ils s'arrêtèrent sur la grande place, se formèrent sur deux rangs avec une précision qui eût fait honneur à des soldats prussiens, et ils attendirent silencieusement et sans cesser de fumer.

Les charrettes s'étaient arrêtées, elles aussi, s'étaient rangées derrière les paysans et attendaient.

Grâce à un hasard singulier, jamais les troupes allemandes n'avaient eu occasion de traverser ces parages, de sorte que le village avait jusqu'alors échappé au pillage, et que toutes les maisons, soigneusement fermées, se trouvaient dans le meilleur état.

Plusieurs paysans, qui semblaient être les chefs de cette singulière émigration, s'avancèrent alors devant le front formé par le double rang des paysans : l'un de ces chefs portait un cahier qu'il ouvrit, et il commença à faire l'appel nominal de chaque individu, auquel un second chef désignait aussitôt la maison dans laquelle il devait s'établir.

L'homme ainsi appelé sortait des rangs, une charrette le suivait, et sans prononcer un mot, il allait immédiatement prendre possession de la maison qui lui était désignée.

Et tout cela se faisait froidement, posément, sans entrain, sans embarras, sans paroles échangées, avec un ensemble et un ordre admirables, comme un régiment arrivant à l'étape et auquel on distribue ses billets de logement.

En moins d'une heure chacun fut casé, les gens installés, les charrettes déchargées et remisées, les portes furent ouvertes, les fenêtres garnies de rideaux ; les cheminées lancèrent dans les airs des tourbillons de fumée, les chevaux furent à l'écurie, les troupeaux dans les étables, les coqs chantèrent dans les basses-cours.

Un étranger qui, deux heures plus tard, aurait traversé ce village, se fût persuadé que celui-ci n'avait jamais été abandonné, et il eût admiré la quiétude de cette population que pourtant la guerre enveloppait de toutes

Parts, tant la vie ordinaire avait repris son cours et tant chaque chose semblait réellement bien à sa place.

Cependant un observateur minutieux, et surtout curieux, aurait été fort intrigué par cette placidité même, tout extérieure, faite pour ainsi dire pour l'œil, dont la vie de famille était complétement absente, puisque la famille n'existait pas, par le manque de mères et d'enfants, et où les moindres mouvements, les actes en apparence les moins importants des hommes semblaient être à l'avance réglés par poids et par mesures.

En un mot, Seiveens aurait eu, aux yeux de ce curieux observateur, bien plutôt l'apparence d'une vaste caserne que d'un village de montagnards industrieux ; pas de chants, pas de joie, pas de rire, pas de disputes, ni de rixes comme on en rencontre si souvent dans les gros bourgs, sur le seuil des cabarets ; mais au contraire partout des airs compassés, des paroles mesurées échangées froidement, et dans tous les lieux de réunion, le soir à la veillée, qui ne se prolongeait jamais au delà de huit heures, un silence de plomb qui semblait étendre un long voile de deuil sur cette singulière population, si complétement pétrifiée.

Cela marchait ainsi depuis huit jours, avec une régularité de pendule, lorsqu'un matin, entre quatre et cinq heures, une quinzaine de cavaliers, couverts de manteaux blancs de neige, arrivèrent au village, conduisant au milieu d'eux plusieurs personnes enveloppée jusques aux yeux dans d'épaisses mantes ressemblant aux limousines de nos charretiers des environs de Paris, et qui semblaient être à la fois de la part de leurs compagnons l'objet des soins les plus attentifs et de la surveillance la plus grande.

En tête de cette cavalcade, qui glissait silencieusement sur la neige avec une apparence de fantômes, se tenait monté, sur un cheval d'un noir de jais, un homme ressemblant à s'y méprendre à M. Dessau, auquel nous avons vu jouer un si singulier rôle dans notre précédent chapitre.

La cavalcade se dirigea sans hésiter vers une grande maison qui tenait à peu près le centre de la place du village, et dont les fenêtres étaient brillamment éclairées, lorsque toutes celles des autres maisons du village étaient obscures.

Plusieurs cavaliers mirent pied à terre devant la porte de cette maison où l'on semblait les attendre, car cette porte s'ouvrit avant même qu'ils eussent le temps de frapper pour annoncer leur présence, et plusieurs individus armés de flambeaux et de lanternes parurent sur le seuil.

M. Dessau, ou plutôt M. de Stambow, car il est temps de rendre à cet homme son véritable nom, fit un geste imperceptible à ceux des cavaliers qui avaient mis pied à terre ; ceux-ci s'approchèrent alors des personnes dont nous avons parlé plus haut, prirent les chevaux par la bride, les conduisirent devant la porte, puis ils aidèrent ces personnes à mettre pied à terre, ce que celles-ci firent avec précaution et une apparente répugnance, mais sans prononcer une seule parole.

Elles pénétrèrent dans la maison précédées de M. de Stambow et suivies par les individus armés de flambeaux, et trois ou quatre cavaliers dont on entendait les lourds fourreaux de fer résonner sur les dalles.

Après avoir franchi les marches d'un escalier situé au bout d'un long corridor, M. de Stambow se trouva sur un palier sur lequel donnaient plusieurs portes ; il ouvrit une de ces portes et introduisit les personnes qui le suivaient dans un appartement composé de plusieurs pièces assez convenablement meublées; ces pièces étaient éclairées, un bon feu brûlait dans les cheminées ; la pièce du fond, la plus grande de toutes, servait de chambre à coucher, quatre lits faits à la française s'y trouvaient.

Deux femmes aux regards effrontés, aux

traits durs et aux manières peu engageantes se tenaient dans cette dernière pièce et semblaient attendre.

— Mesdames, dit froidement M. de Stambow en se retournant vers les personnes dont nous avons parlé, et, les saluant avec hauteur, voici l'appartement qui vous est destiné; ces deux femmes ont été choisies pour vous servir; elles sont à vos ordres.

— Monsieur, répondit une des dames en rejetant en arrière le capuchon de sa mante et laissant voir le visage de Mme Hartmann, nous n'avons besoin de personne, nous nous servirons nous-mêmes.

— Soit, madame, répondit M. de Stambow avec un sourire railleur, je ne veux vous gêner en rien; d'ailleurs peut-être n'est-il pas mauvais que vous appreniez à vous servir vous-mêmes; mais pardon, je crois m'apercevoir que vous êtes fatiguées. Je me retire afin de vous laisser libres de prendre le repos dont vous avez si grand besoin, après la longue course que nous venons de faire. Des rafraîchissements ont été préparés à votre intention dans la chambre précédente.

M. de Stambow demeura un instant immobile comme s'il eût attendu une réponse; mais voyant que cette réponse ne venait pas et que Mme Hartmann lui avait tourné le dos sans cérémonie avec une expression de mortel dédain, il salua profondément, ordonna d'un geste aux deux singulières caméristes de sortir et se retira suivi de toutes les personnes qui l'avaient accompagné.

Derrière lui la porte du palier fut fermée à double tour et une sentinelle posée sur le palier même.

— Hum! dit en souriant un gros bourgeois à M. de Stambow, tout en descendant l'escalier, voilà, par mon âme! une maîtresse femme.

— Bah! répondit celui-ci en souriant, je la connais depuis longtemps, toute cette grande colère se fondra avant une heure en une pluie de larmes, j'ai des armes terribles contre elle; qu'elle le veuille ou non, il faudra qu'elle consente à ce que je prétends obtenir d'elle.

— Je ne crois pas que vous réussirez, reprit l'autre en hochant la tête, elle me fait l'effet d'avoir une volonté de fer.

— Si cela est ainsi, cher ami, répondit légèrement M. de Stambow, tant pis pour elle, car, je vous le jure, je la briserai sans hésiter.

— A votre aise, baron, mieux que moi vous savez ce qu'il vous convient de faire; mais prenez-y garde, les Français nous accusent avec quelque raison d'être cruels envers les femmes.

— Les Français sont des chiens, s'écriat-il avec violence; d'ailleurs, ajouta-t-il plus doucement, comment sauront-ils ce qui se sera passé; ne sommes-nous pas chez nous ici?

— C'est vrai; cependant, croyez-moi, prenez garde aux témoins du poète Ibycus.

— Merci, docteur, répondit-il avec un sourire sardonique, l'avis est bon, je m'en souviendrai pour bien prendre mes précautions; ne m'accompagnez-vous pas au conseil?

— Si fait, mon cher baron.

Ils sortirent alors de la maison.

La place du village était déserte, les cavaliers s'étaient retirés.

Après avoir congédié les individus qui les accompagnaient, les deux hommes traversèrent la place, et ils entrèrent dans une maison placée précisément en face de celle dans laquelle les dames étaient renfermées et dont depuis quelques minutes les fenêtres venaient de s'éclairer.

Au moment où vers dix heures du matin M. de Stambow sortait de la maison dans laquelle il avait pris un logement et traversait la place, il vit une troupe de cavaliers composée d'une douzaine d'hommes environ et en tête de laquelle se trouvaient deux officiers supérieurs portant l'uniforme badois, arrêtée devant la porte de la principale auberge du

D'autres s'imaginent qu'il suffit de se déguiser en chasseur (page 112).

village et en train de parlementer avec l'hôte.

Les cavaliers qui accompagnaient les deux officiers portaient l'uniforme de la garde saxonne et étaient commandés par un vieux sous-officier à mine rébarbative.

M. de Stambow, cela va sans dire, avait changé d'habit, il était maintenant revêtu d'un costume demi-civil, demi-militaire qui modifiait complétement sa physionomie, et faisait admirablement valoir tous les avantages de sa personne, car ainsi que nous l'avons constaté en son temps, M. de Stambow non-seulement était jeune, il avait à peine trente-deux ans, mais encore il passait avec raison pour un des plus accomplis gentilshommes de la cour de Prusse.

Après avoir jeté machinalement, et par suite de son habitude de tout remarquer, un regard presque indifférent sur les étrangers, il lui sembla que les traits de l'un des deux officiers ne lui étaient pas inconnus, et afin de s'assurer qu'il ne se trompait pas, il se dérangea de la direction première qu'il avait prise, et s'avança vers l'auberge, où il arriva précisément au moment où les deux officiers pénétraient dans l'intérieur.

Quant à l'escorte, un valet avait ouvert la porte charretière de l'auberge et les soldats saxons étaient en train, sous la surveillance de leur sous-officier, de mettre leurs chevaux à l'écurie et de les panser avec ce soin minutieux que les cavaliers apportent à cette occupation importante.

— Eh! vive Dieu! s'écria l'officier le plus élevé en grade en apercevant M. de Stambow, voilà une heureuse rencontre; je ne comptais guère trouver dans ce coin perdu du monde une figure de connaissance.

Et laissant là l'aubergiste avec lequel il était en train de causer, il s'avança le sourire sur les lèvres et la main tendue vers le baron en disant :

— Monsieur le baron Frédérick de Stambow, je crois?

— Monsieur le général comte Otto de Drolling, si je ne me trompe, répondit le baron, en secouant cordialement la main que le comte lui tendait.

— Moi-même, herr baron, dit rondement le comte, et bien heureux de vous rencontrer si à l'improviste, je vous jure; j'étais loin de m'attendre à une si bonne aubaine, dans ce trou de montagne.

— Très-heureux, herr général, et entièrement à votre disposition si je puis vous servir en quoi que ce soit.

— Mille fois merci, j'accepte cette offre charmante aussi cordialement qu'elle m'est faite; c'est plaisir de trouver à qui parler au milieu de toutes ces plates figures alsaciennes, dont les gros yeux semblent vouloir vous dévorer; Donnerwetter! nous sommes peu aimés en ce pays.

— Fort peu, en effet, herr général, répondit le baron avec un sourire légèrement narquois.

— Ah çà! herr baron, j'admire comment vous avez pu me reconnaître si facilement, nous ne nous sommes vus qu'une fois, si ma mémoire ne me trompe pas, et il y a cinq ans de cela.

— En effet, herr général, au bal de l'archiduchesse Sophie, à Berlin. Vous m'avez fait l'honneur d'échanger quelques mots avec moi.

— C'est cela même, derr teuffel! Quelle mémoire vous possédez, herr baron, c'est prodigieux!

— C'est vrai, répondit-il avec complaisance, je possède cette admirable propriété que lorsque j'ai vu une seule fois une personne, cela me suffit pour la reconnaître, serait-ce vingt ans après.

— Je le vois bien, et se détournant tandis qu'un sourire d'une expression singulière et qui aurait donné fort à penser au baron s'il avait pu le voir, plissait les commissures de ses lèvres, il ajouta : Herr baron, permettez-moi de vous présenter le colonel de Wranggel, mon ami et mon cousin, monsieur le baron Frédérick de Stambow.

Les deux hommes échangèrent un salut cérémonieux.

— J'ai beaucoup entendu parler de M. de Stambow, dit le colonel avec une exquise courtoisie.

— La charge des cuirassiers de Wranggel à Wœrth est restée célèbre dans l'armée prussienne, répondit le baron sur le même ton.

La connaissance était faite, on s'assit, on fit apporter des rafraîchissements, on alluma les pipes et la conversation devint générale; on parla des différents événements de la guerre, des plans plus ou moins heureux de certains généraux, du succès final très-rapproché, de la France ruinée et démembrée pour toujours et de tant d'autres choses, très-importantes pour des officiers allemands, et tout en parlant on buvait comme des outres, et on fumait comme des tuyaux de cheminée.

Le général comte de Drolling avait une véritable figure de soudard; c'était un gros homme entre deux âges, fort, grand, qui portait sa barbe comme Sa Majesté le roi de Prusse, avait le nez rouge, les pommettes saillantes et violacées, la face apoplectique, dont une énorme balafre partageait littéralement le visage en deux, et donnait à sa physionomie quelque chose de sinistre à cause d'un tic que cette blessure lui avait laissé dans la bouche et dans l'œil droit, qui pleurait toujours et dont la paupière retournée apparaissait rouge, presque sanglante.

Quant au colonel Graff de Wranggel, c'était un homme de près de six pieds, maigre à proportion; il paraissait au moins soixante ans; ses cheveux et sa barbe, qu'il portait longs, étaient d'une blancheur argentée, ce qui tranchait d'une façon singulière avec la rougeur violacée du peu que l'on voyait de son visage; ses yeux petits et relevés vers les tempes dont le regard brûlait, et son nez épaté, lui donnaient une certaine ressemblance avec la race kalmouke.

Du reste, tels qu'ils étaient, les deux officiers saxons paraissaient de bons vivants; ils fumaient bien, buvaient mieux et causaient avec un entrain du diable et qui réjouissait fort leur convive improvisé.

— Comment se fait-il que vous passiez par ici, général? demanda le baron, à un certain moment, ce village n'est sur aucune route, il me semble.

— C'est selon où l'on va, baron, répondit le général en vidant d'un trait un immense widercom.

— Bon, où allez-vous donc?

— Cela vous intéresse? fit-il en clignant l'œil gauche, ce qui lui fit faire une horrible grimace.

— Moi, général, pas le moins du monde, je vous jure.

— Alors tant mieux, car je n'aurais pu vous le dire.

— N'en parlons plus, dit le baron en riant.

— C'est cela; est-ce que ce n'est pas le colonel von Eckenfels qui commande ici, herr baron?

— Hein? fit-il avec un tressaillement de surprise.

— Bon! il paraît que je me suis mal expliqué, reprit-il avec bonhomie; ce village se nomme-t-il Seiveens?

— En effet, général, tel est son nom.

— Eh bien! alors, je disais bien, c'est le comte de Eckenfels qui a occupé ce village il y a huit jours, afin de jouer un bon tour à ces démons de *marquards* ou francs-tireurs, comme il vous plaira de les nommer.

— Comment savez-vous?... s'écria-t-il au comble de l'étonnement.

— Vous m'interrogez, je crois, fit-il avec une nuance de sévérité.

— Pardonnez-moi, herr général, mais...

— Mon cher baron, interrompit-il, puisque j'ai eu le bonheur de vous rencontrer et que vous vous êtes si gracieusement mis à ma disposition, voulez-vous être assez aimable pour prier le colonel von Eckenfels de se rendre ici dans une heure, afin que j'aie le temps de me préparer à recevoir sa visite? Je vous serai obligé; veuillez dire au colonel qu'il s'agit d'affaire de service.

— Je vous obéirai, mon général; seulement si vous daignez me permettre...

— Herr baron, interrompit le comte en se levant, vous ne faites pas, que je sache, partie de l'armée ?

— C'est vrai, mon général, mais...

— Assez sur ce sujet. Je ne vous retiens plus, herr baron. Je serai charmé de vous revoir avant mon départ. Mon appartement, drôle ! ajouta-t-il en se tournant vers l'hôtelier.

— Voilà, Votre Excellence, répondit celui-ci, en se précipitant le bonnet à la main.

Le général et le colonel saluèrent le baron et se retirèrent précédés par l'hôtelier qui se confondait en salutations.

— Soudards idiots! s'écria M. de Stambow avec dépit dès qu'il fut seul; on ne peut rien tirer de pareils ânes.

Il quitta l'auberge pour s'acquitter de la commission qu'il avait reçue et, ce devoir accompli, il se rendit d'un pas pressé dans la maison qui servait de prison à Mmes Hartmann et Walter ainsi qu'à leurs charmantes filles.

Bien qu'elles fussent accablées de fatigue, ces dames ne s'étaient pas mises au lit, le chagrin qu'elles éprouvaient était trop vif, leur inquiétude trop grande pour qu'elles songeassent à prendre du repos, l'audacieux enlèvement dont elles avaient été victimes les avait littéralement terrifiées ; elles ne savaient à quoi attribuer cet acte que rien ne justifiait et qui n'avait aucun intérêt politique, à moins que ce ne fût une vengeance particulière. Mais qui pouvait se venger d'elles, qui n'avaient jamais fait que du bien, ou pour être plus vrai, avaient comblé de bienfaits tous les malheureux qui les avaient approchées, ou seulement s'étaient fait recommander à elles?

Accablées par la fatigue, les deux jeunes filles, dont l'âme pure n'avait pas conscience de l'horrible malheur qui les menaçait, s'étaient endormies sur leurs chaises, la tête reposant sur le pied du lit auprès duquel elles s'étaient assises ; seules, les deux mères n'avaient pas fermé la paupière, les heures avaient passé longues et sombres sans qu'elles semblassent en tenir compte ; la douleur fait tout oublier.

Soudain elles tressaillirent.

Un bruit de pas faisait résonner le parquet dans la chambre précédant celle dans laquelle elles se tenaient.

Deux coups, par une ironie amère, furent frappés sur cette porte qui n'était même pas fermée.

— Entrez, dit machinalement Mme Hartmann.

La porte fut poussée, un homme parut sur le seuil.

Cet homme était le baron de Stambow.

— M. de Poblesko ! s'écria Mme Hartmann, en proie à la plus grande surprise.

Elle le reconnaissait seulement alors.

Ajoutons que la digne femme, à laquelle ni son mari ni Michel n'avaient rien révélé, ne connaissait de M. de Poblesko que son beau côté ; en un mot, elle le croyait dévoué à sa famille.

— Moi-même, madame, répondit le jeune homme avec un profond salut.

— Dieu soit loué ! s'écria-t-elle en joignant les mains, c'est lui qui vous envoie pour nous sauver.

— C'est mon plus ferme désir, madame, répondit-il avec une légère nuance d'étonnement.

Il la croyait instruite.

— Oh ! je vous en supplie, sauvez-nous ; mais surtout sauvez nos enfants ! s'écriat-elle avec âme.

— J'y tâcherai, madame, répondit-il froid et compassé ; mais cela sera difficile.

— Difficile ?

— Oui, madame ; cela dépend de vous surtout.

— De moi?

— Oui, dit-il avec un mauvais sourire ; un mot de vous, un seul, et dans cinq minutes cette porte, si rigoureusement fermée, s'ou-

vrira toute grande et vous serez libres.
— Libres?... Je ne vous comprends pas, monsieur. Comment se fait-il que vous, un Polonais, vous ayez tant de pouvoir sur les Allemands, vos ennemis naturels? cela est étrange, en vérité.

— Madame, répondit-il, en se mordant les lèvres, deux mots vous expliqueront...

— Votre lâche trahison, monsieur! s'écria Lania qui tout à coup se dressa fière et méprisante devant lui.

— De telles paroles! s'écria-t-il en reculant malgré lui devant la hautaine jeune fille.

— Sont justes, monsieur, reprit-elle avec une énergie fébrile; ma mère, la bonne et sainte femme, ignore votre infamie, elle ne sait pas que vous êtes un vil et méprisable espion prussien, elle ignore enfin que c'est vous qui nous avez enlevées cette nuit au milieu de nos amis; vous qui vous êtes présenté à nous sous le nom d'un proscrit en réclamant notre protection! Sortez, monsieur, votre présence nous est odieuse.

Le baron de Stambow, loin d'être atterré par cette foudroyante interpellation, se redressa cynique et railleur.

— A la bonne heure, dit-il, voilà qui est parler; vous avez raison, mademoiselle, tout ce que vous dites est vrai; mais vous seule êtes la cause de ce qui arrive : si j'ai agi ainsi que je l'ai fait, si je vous ai enlevée, sachez-le, c'est que je vous aime et que j'ai fait le serment que je tiendrai, dussé-je être foudroyé une heure plus tard, que vous n'appartiendrez, moi vivant, à aucun autre homme.

— Monsieur, Dieu est juste, il vous punira, je me ris de vos menaces.

Le baron haussa les épaules, il sourit dédaigneusement.

— Peut-être, dit-il en lui lançant un regard de tigre.

Et se tournant vers les trois pauvres femmes qui assistaient atterrées à cet épouvantable entretien :

— Mesdames, dit-il, vous avez été condamnées par un conseil de guerre pour les vols commis à mon préjudice et à celui de M. Jeyer, banquier, par le sieur Michel Hartmann, ce bandit hors la loi qui se dit chef de francs-tireurs. Dans une heure vous serez fusillées sur la place de ce village! Recommandez votre âme à Dieu!

Il salua froidement et se dirigea vers la porte; arrivé sur le seuil, il se retourna :

— Votre fille seule peut vous sauver, dit-il en appuyant avec intention sur chaque mot, qu'elle consente à être à moi.

— Horreur! s'écria la jeune fille.

Et vaincue par la douleur, elle tomba évanouie entre les bras de Charlotte et de Mme Walter.

— Jamais! répondit Mme Hartmann avec une énergie héroïque, et étendant le bras vers lui. Va! maudit, ajouta-t-elle, va! je te chasse.

— Je reviendrai dans une heure, répondit-il avec un affreux ricanement.

Et il sortit à pas lents en refermant la porte derrière lui.

Les malheureuses femmes fondirent en larmes et éclatèrent en sanglots.

X

OÙ LES FRANCS-TIREURS PRENNENT DÉFINITIVEMENT LEUR REVANCHE.

Le colonel von Eckenfels non-seulement était gentilhomme, puisqu'il était comte, mais de plus il était officier, et par surcroît, Prussien des vieilles provinces des Marches de Brandebourg, triple motif pour qu'il possédât une morgue et un orgueil au-dessus de toute appréciation logique; si nous ajoutons à cela que les Prussiens et les Saxons se détestent cordialement et par conséquent se méprisent réciproquement et faisaient fort mauvais ménage lorsque les exigences de la guerre les rapprochaient accidentellement les uns des autres, le lecteur comprendra avec quel plaisir il dut recevoir l'invitation de se rendre à l'entrevue que lui faisait demander le général comte Drolling par l'entremise du baron de Stambow.

Nous n'avancerons rien de trop en affirmant que la nouvelle seule de l'arrivée du général dans le village avait suffi pour le mettre de mauvaise humeur, mais que lorsqu'il connut l'invitation qui lui était faite, il devint littéralement furieux.

L'invitation, polie dans la forme, n'était rien moins qu'un ordre péremptoire auquel il était impossible de se soustraire; la discipline prussienne ne connaît ni rangs, ni grades, elle est la même pour les soldats et pour les officiers, plus cruelle encore peut-être pour ces derniers, car elle les frappe dans leur orgueil; tandis que le soldat, qui n'est en résumé qu'une brute, ne souffre, lui, que dans son épiderme blessé et impitoyablement entamé par le bâton, ce qui, en somme, n'est rien pour lui, car ses plaies se guérissent vite et une longue habitude l'empêche de trop s'en préoccuper.

Le colonel comte de Eckenfels, tout en maugréant et en envoyant au diable, grâce à ces magnifiques jurons que la langue allemande est seule capable de composer et qui la font si riche, se résolut à obéir; et après s'être soigneusement sanglé dans son uniforme et s'être mis dans une tenue irréprochable, il sortit de la maison qu'il habitait; et, suivi par deux officiers qui lui servaient provisoirement d'aides de camp, car il commandait en chef, il se rendit de son pas le plus majestueux à l'auberge où le général était descendu, résolu intérieurement à faire comprendre, bien entendu avec tout le respect requis, à cet officier saxon que les officiers de Sa Majesté prussienne n'étaient pas habitués à être traités avec ce sans-façon, ce laisser-aller de la part d'officiers, fussent-ils généraux, sous les ordres directs desquels ils n'étaient pas placés.

Le général se faisait garder avec un soin extrême.

Devant la porte un cavalier saxon à cheval se tenait immobile comme une statue équestre.

La salle principale de l'auberge était métamorphosée en une espèce de corps de garde; les soldats saxons, assis à des tables, buvaient et mangeaient; le vieux sous-officier à mine rébarbative, leur chef immédiat, se promenait de long en large devant ses subordonnés sur lesquels il jetait des regards mélancoliques, sans interrompre pour cela de fumer l'énorme pipe qui ne le quittait jamais.

Le colonel et ses officiers pénétrèrent dans l'auberge; le sergent s'arrêta, dit un mot à ses hommes qui se levèrent aussitôt, et les honneurs militaires furent rendus à l'officier supérieur avec tout le cérémonial accoutumé.

— Le général comte de Drolling, demanda le colonel à l'aubergiste, qui accourait vers lui le bonnet à la main.

— Mon colonel, lui répondit respectueusement l'hôtelier, Son Excellence le général est en train de déjeuner, il a presque terminé.

— Il suffit; annoncez à Son Excellence le général le colonel comte de Eckenfels, et demandez-lui s'il lui plaît de le recevoir.

— A l'instant, mon colonel, répondit l'hôtelier.

Et après avoir fait le salut militaire, il quitta la grande salle en courant.

— Herrs, reprit l'officier en s'adressant à ses aides de camp, vous m'attendrez, non pas ici, fit-il en jetant un regard de mépris aux soldats toujours droits, immobiles, et la main au front, mais dans quelque cabinet où vous serez seuls.

L'hôtelier reparut.

— Son Excellence le général prie Son Excellence le colonel de monter à son appartement, répondit-il.

— Indiquez-moi le chemin.

Et après avoir salué les deux officiers d'un geste protecteur, il quitta la salle sur les pas de l'hôtelier.

Aussitôt que leur chef fut sorti, les officiers ouvrirent la porte d'un cabinet dans lequel ils s'installèrent de leur mieux.

Sur un signe de leur sous-officier, les soldats saxons s'étaient remis à table et avaient recommencé à manger; quant au sous-officier, il avait repris sa pipe et sa promenade.

Le colonel fut accueilli par le général avec une rondeur toute militaire.

M. de Drolling était assis en face de son silencieux aide de camp et à table jusqu'au menton; une foule de plats vides et d'assiettes sales gisaient sur une table placée exprès à proximité et sur laquelle se trouvaient en sus une dizaine de bouteilles également vides et un nombre presque égal de bouteilles pleines, parmi lesquelles quatre bouteilles de champagne tenaient la meilleure place.

Le général et son aide de camp étaient rouges comme deux coqs; ils avaient fait grand honneur au plantureux repas qui, sur leur ordre, leur avait été servi.

— Asseyez-vous, colonel, dit le général en lui tendant cordialement la main par-dessus la table, je suis véritablement charmé de vous voir. Der teuffel! je ne vous invite pas à déjeuner parce que, vous le voyez, nous sommes au dessert.

— Mille grâces, mon général, j'ai déjeuné moi aussi, répondit l'officier en s'asseyant.

— Tant mieux, mille carcasses de Français! mais si vous ne mangez pas, vous ne refuserez pas de boire, par la barbe du diable! Allons, toi, ajouta-t-il, en s'adressant à l'hôtelier, donne un verre au herr colonel, maudite peau de porc! et débouche une bouteille de champagne; dépêche-toi ou sinon je te romps les os, espèce de tête de mouton!

L'hôtelier s'empressa d'obéir.

Les verres furent remplis et vidés.

— Excellent vin! fit le général en passant sa langue sur ses lèvres avec satisfaction, excellent vin, inférieur cependant à nos bons crus du Rhin.

Le colonel Wranggel poussa une espèce d'ébrouement, mais sans prononcer une parole distincte, et il remplit de nouveau les verres.

— Est-ce que vous vous plaisez beaucoup ici, colonel? reprit le général, qui choisissait un régalia dans un magnifique porte-cigares.

— Nullement, herr général, la vie est insipide.

— Je comprends cela; à votre santé!

— A la vôtre, mon général!

— A propos, lisez ceci.

Il présenta au colonel un papier plié qu'il avait retiré de son uniforme.

— Un ordre du général von Werder qui me place sous vos ordres, mon général, s'écria-t-il avec surprise.

— En seriez-vous fâché? fit le général en vidant son verre que son silencieux aide de camp venait de remplir.

Ce singulier aide de camp semblait ne pas avoir d'autre mission auprès de son chef que celle de remplir son verre, et de boire comme un muid, double mission du reste dont il s'acquittait en conscience et avec une distinction particulière.

— Nullement, mon général, répondit M. de Eckenfels en dissimulant une grimace, je suis au contraire bien heureux de ce qui arrive. Ainsi Votre Excellence remplace le général von Werder dans le commandement de l'Alsace.

— Oui, fit-il négligemment; prenez donc un cigare. M. le baron de Moltke le trouve trop mou et surtout trop doux pour ces populations révoltées.

— Je n'aurais pas cru cela.

— C'est cependant ainsi. Quel homme de guerre que ce baron de Moltke, fit-il en vidant son verre. A votre santé!

— Un géant! s'écria le colonel en buvant avec enthousiasme.

— Un prodige! dit l'aide de camp d'une voix caverneuse.

La glace était rompue, on buvait, on fumait et on prenait le café tout ensemble; les Allemands ont une façon particulière de manger.

— Vous avez de bien mauvais espions, reprit le général entre deux bouffées de tabac, aussi êtes-vous pitoyablement servi.

— Vous croyez, général.

— J'en ai la preuve. Les uns mettent beaucoup trop de passion, on les dépiste immédiatement. D'autres s'imaginent qu'il suffit de se déguiser en chasseur pour tout apprendre et tout savoir. C'est pitoyable. A votre santé!

— A la vôtre, mon général; je ne comprends pas bien ce que Votre Excellence me fait l'honneur de me dire.

— Les Français! que le ciel les écrase! ont ce proverbe: Il ne faut pas chasser deux lièvres à la fois; moi, je dirai il ne faut pas essayer de faire ensemble ses affaires et celles du gouvernement, der teuffel!

— Oh! oh! fit le colonel, qui se sentit pâlir et qui vida son verre d'un trait afin de dissimuler l'émotion qui s'était subitement emparée de lui.

— Vous comprenez, reprit le général avec bonhomie.

— Je comprends, oui, mon général.

— Tant mieux, cela m'évitera d'entrer dans de plus longs développements, nous sommes admirablement renseignés au grand quartier général.

— Je le vois, Excellence.

— Vous ne savez rien encore; voulez-vous des preuves? je vous en fournirai mille.

— Permettez-moi de vous faire observer, Excellence, que nous qui sommes sur les lieux...

— Vous ne savez rien; interrompit le général avec un gros rire.

— Oh! fit le colonel avec un geste de protestation.

— Vous le voyez, Wranggel, dit-il à son aide de camp avec un haussement d'épaules significatif.

— Ils ont des yeux pour ne pas voir et des oreilles pour ne pas entendre, répondit l'aide de camp d'un ton si lugubre que le colonel se sentit frissonner intérieurement.

— Écoutez, herr colonel, reprit le général, il y a deux jours un de vos principaux espions a été pendu à quelques lieues d'ici à peine par les francs-tireurs.

— Un de nos principaux espions?

— Oui, herr colonel; le banquier Jeyer, de Strasbourg, s'il faut que je vous révèle son nom; que pensez-vous de cela?

— C'est effroyable, mon général.

— Ce n'est rien encore.

— Oh! mon général!...

— Vous allez en juger, reprit-il froidement en posant sur la table son verre vide, que son aide de camp s'empressa de remplir en même temps que le sien, bien entendu; vous avez entendu parler de Mme la baronne de Steinfeld, sans doute, herr colonel, une femme délicieusement jolie et qui nous a rendu de très-grands services.

— Oui, Excellence, très-souvent et avec de grands éloges.

Le général et son aide de camp éclatèrent à la fois d'un rire si diabolique que le colonel en demeura tout déferré.

— Pardon, herr colonel, fit le général, pardon, cela a été plus fort que moi, der teuffel! il fallait que j'éclate ou que je crève, mille diables! Eh bien! cette délicieuse baronne, dont on a fait si souvent l'éloge devant vous, est tombée amoureuse d'un de ces chefs de marquards, de ces démons incarnés de francs-tireurs.

— Elle! mon général.

— Parfaitement; les femmes vont vite en besogne. Mme de Steinfeld n'ignore pas les succès du jeune général Cremer aux environs

Mme de Steinfeld n'ignore pas les succès du jeune général Cremer (page 112).

de Dijon, en marche vers l'Est, aussi fait-elle conduire les francs-tireurs maudits par des sentiers presque impraticables hors de l'Alsace, à la rencontre des forces régulières de l'ennemi ; si bien que si nous n'y prenons pas garde ils nous échapperont, et, avant demain, seront hors de nos griffes.

— Cependant, mon général, M. de Stambow m'a assuré...

— M. de Stambow est un charmant garçon, que j'aime beaucoup ; mais, dans cette circonstance, il a complétement fait fausse route ; M. de Stambow est amoureux, lui aussi, d'une petite fille qu'il a enlevée et qu'il a conduite ici ; croyez-vous donc que j'ignore quelque chose, herr colonel? ajouta-t-il en lui lançant un regard devant lequel l'officier baissa malgré lui le sien en rougissant ; assez sur ce sujet, je ne veux ni rechercher les coupables, ni sévir contre eux ; je veux, s'il en est temps encore, réparer le mal qui a été fait. M'y aiderez-vous ?

— Pouvez-vous en douter, mon général ?

— Non, car je sais que vous avez un véritable cœur de soldat et que vous êtes dévoué à la sainte cause allemande ; comprenez-moi à demi-mot : des rapports ont été faits en haut lieu ; chacun a des envieux et des ennemis, moi je ne vous veux pas de mal ; selon que vous agirez vous serez récompensé ; est-ce compris ?

— Mon général, s'écria le colonel avec entraînement, quoi que vous ordonniez, j'obéirai ; comptez sur moi.

— C'est bien, je retiens votre parole ; combien avez-vous de monde ici ?

— En tout, mon général ?

— Oui, soldats et soi-disant paysans.

— Douze cents hommes, mon général, quatre cents soldats formant la population du village ; huit cents hommes sont embusqués aux environs.

— C'est bien cela, en effet ; écoutez-moi bien ; il s'agit de service.

— A vos ordres, mon général, dit-il en se levant.

— La position de ce village est excellente, je tiens à la conserver, elle pourra nous être d'une grande utilité pour certains projets que je vous communiquerai en temps utile.

— Oui, mon général.

— Vous allez, aussitôt après m'avoir quitté, sortir du village sans affectation ; vous avez des officiers auxquels vous avez particulièrement confiance ?

— Deux, oui, mon général, ils sont ici, en bas.

— Très-bien, vous les emmènerez avec vous. Naturellement vous n'avez pas de troupes dans le village ?

— Non, mon général.

— En effet, il fallait conserver les apparences ; mais maintenant que l'embuscade est devenue inutile, il faut changer ces dispositions. Parmi vos officiers, n'avez-vous pas un capitaine nommé Shimelmann ?

— Oui, mon général, un brave soldat.

— Je le sais, répondit en souriant M. de Drolling. Vous mettrez deux cents hommes sous ses ordres et vous le ferez entrer dans le village avant une heure ; il est important que nous soyons gardés.

— Oui, mon général, cela sera fait.

— Quant à vous, herr colonel, vous ferez abandonner les embuscades, vous réunirez tous vos hommes et vous les mettrez, sans perdre une seconde, en marche sur Seiveens ; je vous recommande surtout les quatre obusiers de montagne que vous avez avec vous, ils vous seront très-utiles lorsque vous rencontrerez les francs-tireurs.

— C'est donc à leur poursuite que vous me lancez, mon général ?

— Avant trois heures ils seront entre vos mains si vous savez vous y prendre, herr colonel, et cette fois ils n'échapperont pas, car ils seront enveloppés de tous les côtés.

— Vous êtes admirablement renseigné, mon général, cela est véritablement prodigieux.

— Oui, nous sommes bien servis, nous autres, ne vous l'avais-je pas dit ? Aussitôt vos troupes en marche, vous vous rendrez ici en toute hâte, herr colonel, afin de recevoir vos dernières instructions ; un verre de champagne et en route, il n'y a pas un instant à perdre si nous voulons réussir.

— Nous réussirons ! s'écria le colonel.

— J'en ai l'espoir, répondit le général avec un sourire d'une expression singulière ; à votre santé, herr colonel, et surtout bouche close, même avec votre meilleur ami, il s'agit de vie ou de mort.

— Je serai muet, mon général.

Les verres se choquèrent et l'on but.

— Bonne chance, colonel, je vous attends ici.

— Avant une heure je serai de retour, mon général.

— Tant mieux, il faut mener cela rondement.

Le colonel salua et sortit ; un instant plus tard il quittait le village en compagnie de ses deux officiers montés tous trois sur d'excellents chevaux, que sur l'ordre du colonel un des officiers avait fait amener.

M. de Eckenfels n'avait rencontré personne sur son chemin, et par conséquent il n'avait pu échanger une parole avec qui que ce fût.

Le général et son aide de camp, cachés derrière les rideaux de leur fenêtre, avaient suivi d'un regard anxieux les mouvements du colonel; dès qu'il eut disparu dans la campagne, ils se rassirent en se frottant les mains, et échangèrent un regard en riant silencieusement.

Sur un signe du général, l'aide de camp appela.

Au bout d'un instant, l'hôtelier parut.

— Avance ici, drôle, lui dit M. de Drolling. Triple dindon! connais-tu M. le baron de Stambow?

— Oui, mon général, répondit le pauvre diable.

— Pourquoi trembles-tu, tête de mouton que tu es? crois-tu que je veux manger une aussi vilaine bête que toi? Va tout de suite trouver M. le baron de Stambow, fais-lui mes compliments et prie-le de me faire l'honneur de se rendre ici, que je désire causer avec lui; m'as-tu compris, double brute?

— Oui, mon général.

— Alors décampe, si tu ne veux pas que je t'assomme.

Le pauvre diable ne se fit pas répéter cette invitation, il s'élança en courant hors de la chambre et on l'entendit dégringoler quatre à quatre les marches de l'escalier.

Les deux officiers reprirent, l'aide de camp son énorme pipe, le général un excellent régalia.

Dix minutes plus tard, le baron de Stambow faisait son entrée dans la chambre occupée par le général.

— Vous m'avez fait l'honneur de me mander, monsieur le comte? dit-il en s'inclinant respectueusement.

— Oui, monsieur le baron, répondit le général avec la plus grande cordialité. J'ai désiré, si cela ne vous dérange pas trop toutefois, jouir pendant quelques instants de votre charmante conversation.

— C'est beaucoup d'honneur pour moi, monsieur le comte.

— Asseyez-vous donc, je vous prie. Voulez-vous accepter un verre de champagne? il est délicieux.

— Vous m'excuserez, monsieur le comte, je ne bois jamais, répondit le baron en s'asseyant.

— Est-ce question d'hygiène? seriez-vous mal portant?

— Nullement, mon général, simple habitude, voilà tout, fit-il en souriant.

— Voilà qui est singulier, un Allemand qui refuse de boire.

— En effet, aussi, monsieur le comte, je m'excuse.

— Enfin, vous accepterez un de ces régalias, je vous les garantis de provenance directe, ils m'ont été donnés par M. le comte de Bismarck, il n'en fume pas d'autres.

— Je comprends cela, j'accepte avec reconnaissance.

Le baron choisit un cigare dans le porte-cigares que lui tendait le général et il l'alluma.

— Ainsi que vous le désiriez, monsieur le comte, je vous ai envoyé le colonel Eckenfels; avez-vous été satisfait de votre entrevue avec lui?

— Mais oui, assez, herr baron, M. de Eckenfels n'est pas seulement un excellent soldat, c'est encore un homme du meilleur monde, il est gentilhomme des pieds à la tête, on ne peut que s'instruire dans sa conversation.

— Ah! fit le baron en souriant, la conversation du digne colonel est si instructive que cela? j'ignorais ce détail, monsieur le comte.

— C'est comme j'ai l'honneur de vous le dire, herr baron; du reste, nous avons beaucoup parlé de vous.

— De moi?

— Mon Dieu, oui, en bien seulement, bien entendu, vous avez un ami bien précieux dans le colonel, herr baron.

— Vous croyez, monsieur le comte?

— J'en suis convaincu, herr baron, il n'a pas un instant tari sur votre compte, tout prétexte lui était bon pour faire votre éloge.

— Tant que cela? fit-il en riant.

— Sur l'honneur, c'est textuel.

— Voilà qui est charmant.

— N'est-ce pas?

— Ma foi oui, monsieur le comte, et cela est d'autant plus charmant que j'étais loin de m'y attendre.

— Oui, je sais; il m'a parlé de cela; vous avez eu une légère pique.

— Ah! il vous a dit...

— Tout; il s'agissait, je crois, d'une jeune fille que vous avez enlevée et qu'il réclamait pour sa part de butin, s'appuyant sur ce motif que, ayant du même coup enlevé deux jeunes filles également belles toutes les deux, rien ne s'opposait à ce que vous lui en cédiez une.

— Comment! Me serais-je trompé?

— Je ne dis pas cela, monsieur le baron. Ah! peut-être ai-je commis une indiscrétion.

— Non pas, mais c'est une question si délicate.

— Ah! oui, je comprends, l'amour; mais, après tout, il s'agit de Françaises, n'est-ce pas?

— Oui, monsieur le comte, deux Alsaciennes.

— Eh bien, c'est pain bénit, comme disent les catholiques, fit-il avec un gros rire, et puis ne faut-il pas que les Alsaciens payent les frais de la guerre, puisque c'est pour les rendre à la grande famille allemande que nous nous battons?

— Ainsi, monsieur le comte, vous ne trouvez pas mauvais...

— Que vous fassiez la cour aux jolies filles? der teuffel! c'est de votre âge cela! herr baron. Je n'ai qu'un seul regret, c'est de ne pouvoir en faire autant. A propos, sont-elles véritablement jolies?

— Charmantes, monsieur le comte.

— Alors, je comprends pourquoi vous et le colonel vous montiez sur vos ergots comme deux braves coqs de combat.

— C'est vrai, mais tout est arrangé.

— Je le sais; êtes-vous aimé?

— Détesté, monsieur le comte.

— C'est dans l'ordre. Cela n'en sera que plus piquant.

— Qui sait?

— Eh quoi! vous doutez, lorsque toutes les chances sont pour vous?

— Ah çà, mais ce bavard de colonel vous a donc tout raconté?

— Mon Dieu oui, pourquoi m'aurait-il caché quelque chose? D'ailleurs je ne vois rien que de très-honorable pour vous dans cette affaire; de quoi s'agit-il, en somme? des femmes sont accusées et convaincues d'être non-seulement parentes mais encore affiliées à des francs-tireurs français, c'est-à-dire des bandits hors la loi; de plus ces femmes sont complices de vols considérables commis au préjudice de sujets allemands, en conséquence, un conseil de guerre les a condamnées à mort, ce qui est justice; et remarquez qu'en droit ce jugement était inutile, vous étiez parfaitement libre de faire séance tenante fusiller ces femmes; au lieu de cela vous vous laissez attendrir et vous consentez à sauver les coupables, à la seule condition que les jeunes filles vous témoignent un peu de reconnaissance; c'est la moindre des choses, que diable! Il faudra que ces deux créatures soient bien dénaturées pour refuser d'accepter d'aussi douces conditions.

Pendant que le général parlait ainsi, M. de Stambow l'examinait attentivement pour voir s'il ne raillait pas et si c'était sérieusement qu'il soutenait cette étrange théorie; mais il en fut pour ses frais d'examen, il lui fut impossible de rien découvrir; le général parlait avec la plus parfaite bonhomie et, en apparence, la plus entière conviction, son visage reflétait bien la pensée qu'il exprimait si chaleureusement; le baron sourit, il avait trouvé dans le comte de Drolling l'homme qu'il cherchait pour justifier plus tard, s'il en était besoin, cet acte inqualifiable.

— Hum, dit-il à part lui, est-ce que Henri Heine avait raison lorsqu'il écrivait : « Le Prussien est bête, l'instruction le rend féroce. » Ce digne général, qui est très-savant, à ce que l'on dit, me semble manquer complétement de sens moral ; quels admirables instruments que de tels hommes dans des mains qui savent s'en servir, et comme le comte de Bismarck les connaît bien !

— Avez-vous été faire visite à vos prisonnières, herr baron ? reprit le général en souriant.

— Oui, monsieur le comte.

— Je parie qu'on vous a chassé comme un laquais, et en vous accablant d'injures.

— En effet, général, c'est ce qui est arrivé.

— J'en étais sûr.

— Mais que se passe-t-il sur la place ? dit tout à coup le baron en se levant pour aller regarder à la fenêtre.

— Il se passe quelque chose ? répondit le général avec la plus complète indifférence, tout en échangeant à la dérobée un regard avec son silencieux aide de camp.

— Mais oui, et quelque chose d'assez singulier même.

— Quoi donc, s'il vous plaît, herr baron ?

— Une foule de paysans qui arrivent conduisant des charrettes chargées de légumes, de volailles et de denrées de toutes sortes.

— Eh ! eh ! ce n'est pas si désagréable cela, il me semble.

— C'est vrai, monsieur le comte, mais depuis huit jours, voici la première fois que pareil fait se produit.

— Il faut un commencement à tout ; que voyez-vous donc de si inquiétant là dedans ?

— Rien, si cela se passait dans un tout autre village que celui-ci, fit-il avec intention.

— Der teuffel ! s'écria le comte en se frappant le front ; je n'y songeais pas, sur mon âme !

— Et maintenant vous comprenez.

— Je le crois bien.

— Il faut à l'instant prévenir le colonel, et je vais...

— C'est inutile, dit le général en l'arrêtant d'un geste, le colonel est absent.

— Absent, le colonel ?

— Oui, il s'acquitte en ce moment d'une mission importante dont je l'ai chargé.

— Vous, monsieur le comte ?

— Pourquoi pas, herr baron, puisque c'est moi qui commande ici ?

— Vous commandez ici, général ?

— Oui, monsieur, répondit-il, avec un accent glacé qui arrêta net les mots sur les lèvres crispées du baron.

Il y eut un silence.

Le baron était confondu, un sombre pressentiment lui serrait le cœur.

Le général ne le laissa pas sous cette mauvaise impression.

— Que vous importe cela, reprit-il avec un indicible accent de bonhomie, si au lieu d'un ennemi caché, cela vous donne, au contraire, un ami puissant et tout disposé à vous servir ?

— Vous seriez réellement mon ami, monsieur le comte ? répondit-il avec méfiance.

— Pourquoi non ? aurais-je quelque motif pour vous en vouloir ?

— Non ! grâce au ciel.

— Alors pourquoi ne serais-je pas votre ami ?

— C'est juste ; excusez-moi, monsieur le comte, je ne sais ce que je dis ; je crois, Dieu me pardonne, que je perds la tête.

— Amour, printemps de la vie, chantonna l'aide de camp en faux-bourdon.

— Monsieur de Wranggel a raison, herr baron, dit le général en riant, c'est l'amour qui vous tourne la tête, il faut vous guérir au plus vite, vous le savez, le seul remède est la possession de l'objet aimé.

— Hélas ! murmura M. de Stambow d'une voix sourde, je crains bien que cette adorable fille ne s'obstine à me repousser.

— Si vous doutez du succès, vous êtes perdu, herr baron ; der teuffel ! quelles poules mouillées sont donc les jeunes gens d'aujourd'hui ! Tenez, herr baron, vous me feriez rire, mille diables ! si tout cela n'était pas en réalité si pitoyable ! Comment, vous l'homme de bronze que nul obstacle n'a jamais été assez puissant pour arrêter ! vous qui, pour les besoins de votre ambition, marcheriez sans faiblir dans le sang jusqu'aux genoux, vous tremblez devant deux enfants ! pour la première fois de votre vie, vous hésitez, vous reculez presque ! c'est à n'y rien comprendre, der teuffel !

— Mon général, dit l'aide de camp de sa voix la plus lugubre, laissez faire M. le baron, il rêve petits moutons enrubanés, il se laisse aller au courant du fleuve de Tendre, il marivaude son amour pour en confectionner une idylle charmante dans le goût de Florian ou de Mme Deshoulières ; vous ne comprenez rien à cela, vous, mon général. C'est charmant, vous verrez.

Et il se mit incontinent à déclamer avec emphase d'une voix à porter le diable en terre :

> Dans ces prés fleuris
> Qu'arrose la Seine,
> Cherchez qui vous mène,
> Mes chères brebis,
> J'ai fait pour vous rendre
> Le destin plus doux
> Ce qu'on peut...

— Donnerwetter ! s'écria le baron en frappant un si furieux coup de poing sur la table que verres, bouteilles et assiettes en dansèrent une sarabande affolée, je n'en aurai pas le démenti, cette fille ne se moquera pas impunément de moi. J'en ai fait le serment, elle m'appartiendra ou elle ne sera à personne ! dussé-je la poignarder de ma propre main.

— A la bonne heure, der teuffel ! s'écria le général en riant, je vous reconnais enfin ; voulez-vous que nous allions de compagnie faire visite à cette belle dédaigneuse ?

— Allons ! dit-il d'une voix sourde.

— Feu de paille qu'une larme éteindra, murmura l'aide de camp assez haut pour être entendu.

Le baron poussa un rugissement étouffé.

— Nous verrons, dit-il avec un geste de rage.

Ils sortirent.

La place était encombrée de monde, ainsi que l'avait dit le baron ; une foule de paysans conduisant des charrettes avaient pénétré par tous les chemins dans le village, et ils s'étaient sans façon installés dans la place qu'ils avaient ainsi métamorphosée en marché, où en criant, se disputant, ils débitaient leurs marchandises à tous venants.

En revenant au grand air, le baron parut se calmer et reprendre peu à peu possession de lui-même ; il s'arrêta, et après avoir jeté un regard inquiet autour de lui :

— Je n'irai pas, dit-il résolûment ; excusez-moi, messieurs, de vous laisser si brusquement, d'autres soins plus importants réclament toute mon intelligence, il se passe ici des choses que je ne comprends pas, et que je veux approfondir ; il y a de la trahison dans l'air ; nous nous reverrons ; à bientôt.

Et avant que les deux hommes, qui étaient si loin de s'attendre à de telles paroles, fussent revenus de leur surprise, le baron se glissa dans la foule et disparut à leurs regards.

— Nous sommes joués ! s'écria le général, cet homme s'est moqué de nous.

— Il nous a devinés, répondit l'autre ; que faire ?

— Jouer le tout pour le tout ; nous ne pouvons plus reculer.

— Oui, la partie est engagée, il faut aller jusqu'au bout, coûte que coûte, et tomber bravement si nous échouons.

— A la grâce de Dieu. Nous avions cependant bien commencé.

— C'est vrai ; mais nous avons trop tendu la corde, elle s'est rompue entre nos mains, allons.

— Ils se serrèrent énergiquement la main et ils rentrèrent dans l'auberge.

La salle commune était remplie de monde.

Un paysan s'avança vers le général et lui dit quelques mots à l'oreille.

— Là! répondit le général en désignant la maison où les prisonnières étaient renfermées.

Le paysan s'éloigna aussitôt.

Le général fit un signe au sous-officier saxon, puis il quitta la salle suivi de son aide de camp qui fumait le plus tranquillement du monde son immense pipe.

A peine les deux officiers entraient-ils dans leur appartement que le sous-officier apparaissait derrière eux.

Le général fit un mouvement pour fermer la porte.

— Laissez-la ouverte au contraire, dit le soldat, on ne sait jamais ce qu'il y a derrière une porte fermée; ouverte c'est autre chose, on peut se méfier et voir venir.

— C'est juste, dit le général.

— Eh bien, quoi de nouveau ? demanda le soldat ; cela marche comme sur des roulettes, n'est-ce pas ? Moi, j'ai ficelé le soi-disant hôtelier et je l'ai mis au frais dans la cave ; ce drôle m'agaçait horriblement.

— Ami Loup-Garou, cela ne marche pas du tout comme sur des roulettes, dit l'aide de camp.

— Bah! qu'est-il donc arrivé, monsieur Petrus ? Cela allait bien pourtant.

— Trop bien ; nous avons voulu abuser et la machine s'est détraquée.

— Oui, ce misérable Poblesko nous a devinés, il nous a glissé entre les mains comme un serpent qu'il est.

— C'est un peu de votre faute, monsieur Otto ; quand vous le teniez ici il ne fallait pas le lâcher.

— C'est vrai, répondit le jeune homme avec un soupir, mais c'est fait maintenant, il n'y a plus à y revenir.

— Bah! tout n'est pas perdu encore, dit vivement Petrus, je ne jette pas ainsi le manche après la cognée, moi ; que le Stambow ait des soupçons, c'est évident ; quant à une certitude, cela n'est pas probable ; le coup était trop hardi, l'affaire trop bien conduite, pour échouer ainsi misérablement.

— Espérons ; d'ailleurs, nous aurons toujours la ressource de nous faire tuer.

— Jolie consolation, dit le Loup-Garou en riant, il nous faut sauver les dames.

— Hélas! c'est bien difficile maintenant.

— Voici le capitaine Shimelmann et les deux cents hommes qui entrent sur la place, dit Petrus.

— Bon! attention! Loup-Garou, et nous, à nos rôles.

— Je vois le Poblesko, dit Petrus qui n'avait pas quitté la fenêtre, il cause avec le capitaine Shimelmann.

— Ne vous inquiétez pas de cela, ami Petrus, je connais Shimelmann de longue date, c'est une brute ; Poblesko n'en obtiendra rien.

— Dieu le veuille ! le capitaine fait entrer sa troupe dans une maison de la place, il quitte Poblesko qui entre dans la maison et il se dirige de ce côté.

— Bien! soyons prêts à le recevoir.

Le Loup-Garou était redescendu dans la salle commune.

Quelques minutes s'écoulèrent, bientôt des pas pesants résonnèrent dans l'escalier, la porte s'ouvrit et le capitaine Shimelmann parut sur le seuil.

— Entrez, capitaine Shimelmann, dit Otto de l'air le plus gracieux.

— Le général me connait! s'écria le géant flatté d'avoir été appelé par son nom.

— Certes, je vous connais, capitaine, reprit Otto, c'est moi qui vous ai désigné au colonel.

— Je le sais et je vous en remercie, mon général.

— Je tenais à avoir un brave soldat auprès de moi. Que fait le colonel ?

— Mon général, le colonel a rassemblé tous les détachements, il les a réunis en un seul groupe dont il a pris le commandement, et il est parti aussitôt comme s'il voulait gagner Belfort.

— C'est cela même, capitaine, vos renseignements sont exacts; dès ce moment vous prenez le commandement du village; souvenez-vous que je vous ai choisi entre tous; vous avez votre avancement dans la main, exécutez fidèlement mes ordres, et bientôt vous ne serez plus capitaine; vous m'avez entendu?

— Oui, mon général.
— Allez, capitaine.

L'officier salua et pivotant sur les talons, il marcha vers la porte.

— Halte! front! cria le général.

Le capitaine obéit avec une régularité automatique.

— Prenez garde à M. le baron de Stambow, reprit le général, certains rapports ont été faits contre lui.

— Faut-il l'arrêter, mon général?

Celui-ci sembla réfléchir.

— Non, dit-il au bout d'un instant, surveillez-le; seulement, empêchez qu'il ne communique avec les prisonniers.

— Oui, mon général.

En ce moment, il se fit un grand bruit sur la place, les paysans semblaient en proie à une panique générale, ils couraient et se bousculaient en poussant des cris, le tumulte était extrême.

Au moment où le capitaine ouvrait la porte pour sortir, un énorme chien bondit sur lui, le saisit à la gorge, et l'homme et le chien roulèrent sur le plancher.

Mais la lutte fut de courte durée. Le Loup-Garou qui rentrait et Petrus s'élancèrent sur le capitaine effaré, le bâillonnèrent et le garrottèrent en un tour de main.

— Voici nos amis! s'écria Petrus; ils entrent par trois côtés, conduits par MM. Michel, Yvon et Ludwig, ils se sont emparés, comme cela était convenu, du colonel Eckenfels qu'ils ramènent prisonnier; ceux de nous autres qui sont entrés ce matin, déguisés en paysans, ont sauté sur leurs armes, et arrêtent les soldats prussiens déguisés en habitants.

— Poblesko? demanda Petrus.
— Je n'en ai pas entendu parler.
— Tant pis.
— Nous le trouverons, dit Otto.
— Peut-être trop tard, murmura Petrus à part lui.

— Bas les uniformes allemands, commanda Otto, les prisonniers renfermés, fusillés sans miséricorde s'ils résistent. Dans dix minutes, dans la salle du bas, avec cinquante hommes résolus; alerte, Loup-Garou, c'est le coup de partie.

— Nous gagnerons, commandant, vive la République!

— Vive la République! reprirent les deux hommes en se débarrassant au plus vite de leur déguisement.

Cinq minutes plus tard, Petrus et Otto de Walkfield, qui avaient repris leur figure naturelle, faisaient leur apparition dans la salle commune où une cinquantaine de francs-tireurs, revêtus de costumes de paysans, mais bien armés, les accueillaient avec de chaleureuses démonstrations de joie et aux cris répétés de : Vive la République!

Cependant le combat était devenu général dans le village; tous les soldats dont on n'avait pu s'emparer, et c'était le plus grand nombre, s'étaient ralliés sous les ordres de cinq ou six officiers, et ils résistaient aux francs-tireurs qui les attaquaient de tous les côtés à la fois avec cette résolution farouche d'hommes qui se sentent perdus et ont fait le sacrifice de leur vie.

— En avant! s'écria Otto en brandissant sa longue rapière.

— En avant! répétèrent les francs-tireurs.

Et sur ses pas ils se jetèrent la tête basse dans la mêlée.

Dans leur prison, les dames étaient en proie à d'inexprimables angoisses, elles entendaient et voyaient tout ce qui se passait sur la place, et elles avaient de continuelles alternatives d'espérance et de désespoir, selon la tournure que semblait prendre le combat.

Tout à coup, la porte de leur appartement s'ouvrit, et un homme parut sur le seuil.

Cet homme était le baron de Stambow.

Derrière lui, plusieurs soldats se tenaient sombres et immobiles.

Les dames détournèrent la tête avec un sentiment d'effroi mêlé de dégoût.

— L'heure est écoulée, dit le baron avec un accent glacé, je viens chercher votre réponse.

— La mort plutôt que la honte, répondit fièrement Mᵐᵉ Hartmann ; tuez-moi, misérable !

— Est-ce aussi l'opinion de votre fille ? répondit le baron avec un ricanement sardonique.

— Lâche ! lâche ! s'écria Liana en fondant en larmes et en se jetant dans les bras de sa mère, qu'elle tint étroitement embrassée.

— Emparez-vous de ces femmes, séparez-les, s'écria le baron avec rage.

Les soldats s'avancèrent.

Mᵐᵉ Hartmann déposa un long baiser sur le front pâle de sa fille, et dénouant le collier qu'elle lui avait fait au cou avec ses bras, elle fit un pas en avant, et s'adressant aux soldats :

— Marchons, dit-elle fièrement.

— Marchons, répéta Mᵐᵉ Walter en se plaçant résolûment à son côté.

Les deux jeunes filles semblaient mortes ; affaissées sur le sol, elles ne remuaient plus.

— En avant ! cria le baron d'une voix stridente.

Au son de cette voix exécrée, un tremblement convulsif agita tout leur corps, elles se dressèrent debout et menaçantes, et par un bond sublime, s'élançant en avant, elles se placèrent devant leurs deux mères en s'écriant d'une voix éclatante :

— C'est nous qui devons mourir !

Les soldats hésitèrent ; malgré eux, ces brutes chez lesquels il restait peut-être quelque sentiment humain, se sentaient émus de pitié pour ces belles créatures qui, pâles, échevelées, imploraient la mort à la place de leurs mères.

— Finissons-en ! reprit durement M. de Stambow, qui comprenait que s'il hésitait, sa vengeance lui échapperait.

Les soldats avancèrent.

— Piquez-les avec vos baïonnettes, si elles ne veulent pas faire place, cria-t-il.

En ce moment un grand bruit se fit entendre dans les étages inférieurs de la maison, on entendait des cris, des menaces mêlés à des coups de feu et à des gémissements.

— Hâtez-vous ! hâtez-vous ! Les voilà, ils viennent ! cria le baron aux soldats qui commençaient à hésiter réellement ; peut-être comprenaient-ils enfin quel horrible crime on leur imposait.

— Ah ! c'est ainsi ! s'écria M. de Stambow en proie à une rage folle. Eh bien, soit, je tiendrai mon serment, elle ne sera à personne !

Et sortant un revolver de sa poche, il ajusta Lania.

Le coup partit.

La jeune fille, cramponnée aux vêtements de sa mère, ne voulait pas se séparer d'elle, elle était perdue, un miracle seul pouvait la sauver.

Mme Walter, dont la pauvre fille succombant à la douleur était évanouie à ses pieds, se pencha sur elle, la baisant au front en murmurant à voix basse ce seul mot :

— Adieu !

Puis, par un mouvement plus rapide que la pensée, elle se rejeta en arrière, faisant bravement un rempart de son corps aux deux pauvres femmes étroitement enlacées auxquelles, par ce dévouement héroïque, elle sauva la vie.

La balle lui traversa la poitrine, elle roula sur le sol sans pousser une plainte, mais un sourire radieux sur les lèvres.

Elle était morte.

Le baron poussa un cri de bête fauve aux abois.

— Oh ! je la tuerai ! s'écria-t-il en grinçant des dents.

Il n'eut pas le temps d'exécuter cet exécrable projet.

Tout à coup des pas nombreux se firent entendre ; plusieurs personnes accouraient en toute hâte, mais une femme à demi folle de douleur, renversant tous les obstacles qui s'opposaient à son passage, bondissait en avant de tous, elle s'élança sur le baron, et d'une voix entrecoupée :

— Fuyez ! fuyez ! s'écria-t-elle ; fuyez sinon vous êtes perdu ; ils arrivent, les voilà ; fuyez, sinon pour moi, mais pour notre fils ! pour notre enfant que votre mort laisserait orphelin.

Le baron la repoussa d'un geste brutal, la pauvre femme alla tomber à quelques pas de lui sur le sol.

Elle se releva sur les genoux et joignant les mains :

— Au nom de Dieu ! s'écria-t-elle avec douleur, fuyez, Frédéric, je vous en supplie !

Le baron avait les yeux hagards, ses cheveux se hérissaient sur son front livide, une écume blanchâtre suintait de ses lèvres crispées, il semblait en proie à un accès de fièvre furieuse ; tout à coup ses regards tombèrent sur la pauvre femme, toujours suppliante.

— Ah ! c'est toi, Anna Sievers ! s'écria-t-il en grinçant horriblement des dents, c'est toi, démon, tu es là, là toujours ! Tu es mon crime, mon remords ; eh bien ! soit, que l'enfer nous engloutisse ensemble !

Il leva son revolver.

Mais au même instant s'éleva un tumulte effroyable.

Grâce à Tom, le chien si intelligent du contrebandier, les francs-tireurs avaient découvert une brèche, l'avaient franchie et accouraient au secours des prisonnières en refoulant et renversant tout sur leur passage.

Tom s'élançant à l'improviste à la gorge de M. de Poblesko, roula avec lui sur le sol.

La balle du revolver se perdit dans la muraille. M. de Poblesko laissa échapper son arme, en même temps que Otto de Walkfield lui enfonçait son épée dans la poitrine.

L'espion poussa un cri terrible et ne bougea plus.

Cependant une lutte acharnée s'était engagée entre les Français et les Allemands ; ceux-ci peu à peu refoulés furent contraints, la baïonnette dans les reins, de quitter la maison.

— Eh ! fit le Loup-Garou en apercevant le corps de M. de Poblesko auprès duquel Tom s'obstinait à se tenir en sentinelle, voilà un gaillard bien mal accommodé ; c'est égal, comme il pourrait en revenir, soyons prudent !

Et enlevant le corps dans ses bras puissants, il le fit passer par une fenêtre et le lança sur la place.

Les Allemands, assaillis de tous les côtés,

furent contraints d'évacuer le village, et de se mettre définitivement en retraite.

Michel et Yvon s'étaient emparés des jeunes filles auxquelles ils prodiguaient les soins les plus attentifs.

M. Hartmann et sa femme pleuraient sur le corps déjà froid de Mme Walter, sur les lèvres de laquelle son dernier sourire persévérait encore.

....
....

Dix-huit mois s'étaient écoulés.

Otto de Walkfield, ou pour mieux dire le comte de Franck-Alleu, qui aussitôt après son mariage avec Anna Sievers avait résolu de vendre tous ses biens et de se retirer en France avec sa charmante femme, habitait depuis quelques jours la ville de Munich aux environs de laquelle presque tous ses biens étaient situés ; la comtesse demeurait chez son père et sa mère, qui en voyant revenir chez eux cette enfant si chérie, lui avaient ouvert les bras en pleurant de joie et de bonheur.

Un soir le comte, dont les affaires étaient terminées, et qui avant son départ pour la France tenait à faire ses adieux à plusieurs de ses anciens amis, s'était rendu au cercle de la noblesse, dont tous les membres l'avaient accueilli avec la plus chaude cordialité.

A peine se trouvait-il au cercle depuis une demi-heure, lorsqu'à sa grande surprise, il vit entrer le front haut, le sourire sur les lèvres et l'air hautain, le baron de Stambow.

— Cordieu ! murmura le comte à voix basse, ce drôle vit encore ! Le Loup-Garou avait bien raison de prétendre qu'il avait la vie dure ; cette fois nous verrons s'il échappera aussi heureusement.

Il fit un mouvement pour se lever et marcher droit au baron.

Mais le président du cercle avec qui il causait l'arrêta.

— Laissez faire, comte, dit-il en souriant, c'est moi que cela regarde.

Et s'approchant du baron, il lui dit sèchement sans même le saluer :

— Nous sommes très-étonnés, monsieur le baron, de votre présence au milieu de nous.

Tous les membres du cercle se tenaient silencieux et immobiles derrière leur président.

— Qu'est-ce à dire, monsieur ? demanda le baron avec hauteur.

— Ne vous a-t-on pas transmis votre démission signée par tous les membres du cercle? répondit froidement le président.

— C'est précisément au sujet de cette insultante démission que je viens vous demander une explication.

— A ceci c'est à moi de répondre, fit un des assistants en s'avançant, et *donnerwetter !* cette explication sera courte et catégorique.

— C'est ce que je désire, général.

Le général, car ce nouveau personnage était un des principaux officiers de l'armée bavaroise, sourit avec ironie.

— Soyez donc satisfait, reprit-il brutalement : vous avez été chassé parce que le cercle de la noblesse n'admet que des hommes d'honneur au nombre de ses membres.

Le baron de Stambow devint livide.

— Général, s'écria-t-il d'une voix étranglée, une telle insulte ne demeurera pas impunie, et je jure...

— Ne jurez pas, monsieur, personne ici ne vous prêtera collet, répondit froidement le général ; nos épées sont trop pures pour se croiser contre la vôtre.

— D'ailleurs, ajouta le président, en rentrant à votre hôtel, vous trouverez l'ordre du roi qui vous chasse de la Bavière, et l'escorte chargée de vous conduire à la frontière.

— Que signifie ?... s'écria-t-il éperdu.

— Cela signifie, reprit le général avec un accent glacé, que nous sommes de braves soldats et des gens d'honneur, que si des raisons de haute politique nous ont contraints à faire cause commune avec la Prusse pendant la dernière guerre, que si nous avons souvent profité des rapports des espions entretenus et soldés par la Prusse, ainsi que la nécessité nous y obligeait, ces espions n'en ont pas moins été constamment considérés par nous comme des misérables et des lâches, et que nous prétendons laisser peser le poids de toutes les infamies qu'ils ont commises sur le gouvernement qui les entretenait avec un machiavélisme que la morale réprouve. Sortez, monsieur ! espion et assassin, vous n'avez rien à faire au milieu des gens de cœur.

— Oh! s'écria-t-il au paroxysme de la rage, moi! subir tant d'opprobre et de honteuses insultes! Personne n'aura-t-il donc pitié de moi!

— Personne; sortez si vous ne voulez que nous vous fassions jeter dehors par les valets.

— Oh! fit le baron en s'élançant vers le comte de Franck-Alleu qu'il venait de reconnaître, vous du moins, vous êtes Français, vous êtes mon ennemi, vous ne refuserez pas de croiser votre épée avec la mienne.

Le comte hocha la tête avec une dignité triste.

— Vous vous trompez, monsieur, dit-il sèchement; pendant la guerre j'ai à plusieurs reprises essayé de vous écraser sous le talon de ma botte comme une bête venimeuse; aujourd'hui, il n'y a plus rien de commun entre vous et moi. Je serais à jamais déshonoré si je vous touchais seulement du bout du doigt.

Le baron poussa un cri de fauve aux abois et se précipita comme un fou au dehors.

En arrivant à son hôtel, il aperçut une petite troupe de soldats qui stationnait près de la porte; il entra et monta à son appartement; un officier l'attendait et lui présenta l'ordre d'expulsion.

— C'est bien, dit-il froidement, je vous demande cinq minutes.

L'officier s'inclina sans répondre.

Le baron passa dans une autre pièce.

Presque aussitôt une détonation faisait vibrer les vitres.

On accourut.

La porte fut enfoncée, le baron de Stambow gisait sur le sol le crâne horriblement fracassé.

L'espion s'était fait justice.

Deux jours plus tard, le comte, en compagnie de sa femme à qui il laissa ignorer cette épouvantable catastrophe, quitta la Bavière pour rentrer en France et rejoindre la famille Hartmann.

Yvon Kerdrel et son ami Michel sont mariés; tous deux viennent passer les loisirs que leur laisse le service militaire auprès de M. Philippe Hartmann, qui s'est fixé à Fontainebleau, où il a fondé une nouvelle fabrique dans laquelle tous ses anciens ouvriers ont trouvé place.

Le Loup-Garou est heureux; chargé de la surveillance des immenses propriétés du comte de Franck-Alleu, il court les bois jour et nuit en compagnie de son inséparable Tom.

Son petit gars, si fûté et si intelligent, est élevé avec le fils de la comtesse qui a voulu tenir sa promesse au contrebandier.

Pétrus a passé sa thèse : il est parti pour l'Algérie, avec les premiers émigrants alsaciens.

FIN DE LA REVANCHE, DERNIÈRE PARTIE DU BARON FRÉDÉRICK.

EN VENTE IMMÉDIATEMENT

LA

GUÉRILLA-FANTOME

Roman inédit de GUSTAVE AIMARD

L'ouvrage complet formera 12 livraisons à 10 cent., ou, en un volume complet et broché, 1 fr. 20 c.

LIBRAIRIE DEGORCE-CADOT
9, RUE DE VERNEUIL, 9

Collection de Romans in-18 à 2 fr.

Collection des Œuvres de Ch. Paul de Kock
Avec gravure de la typographie Claye.

SOUSCRIPTION PERMANENTE

L'Amoureux transi	1 vol.	La Fille aux trois jupons	1 »	Un Mari dont on se moque	1 »
Mon ami Piffard	1 »	Friquette	1 »	La Mariée de Fontenay aux Roses	1 »
L'Âne à M. Martin	1 »	Une Gaillarde	2 »	Ce Monsieur	1 »
La Baronne Blaguiskoff	1 »	La Grande Ville	1 »	M. Cherami	1 »
La Bouquetière du Château d'Eau	2 »	Les Derniers Troubadours	1 »	M. Choublanc	1 »
Carotin	1 »	Un Petit-fils de Cartouche	1 »	Papa Beau Père	1 »
Cerisette	2 »	La Grappe de groseille	1 »	Le Petit Bonhomme du coin	1 »
Les Compagnons de la Truffe	2 »	Paul et son chien	1 »	La Petite Lise	1 »
Le Concierge de la rue du Bac	1 »	Les époux Chamoureau	1 »	Les Petits Ruisseaux	1 »
L'Amant de la Lune	3 »	Flon, flon, flon, lariradondaine	1 »	La Prairie aux coquelicots	2 »
La Dame aux trois corsets	1 »	L'Homme aux trois culottes	1 »	Le Professeur Ficheclaque	1 »
La Demoiselle du cinquième	2 »	Maison Perdaillon et Cⁱᵉ	1 »	Sans-Cravate	2 »
Les Demoiselles de Magasin	2 »	Les Intrigants { Le Riche Cramoisan }	1 »	Le Sentier aux prunes	1 »
Une Drôle de maison	1 »			Taquinet le Bossu	1 »
Les Etuvistes	2 »	Un Jeune Homme mystérieux	1 »	L'Amour qui passe et l'Amour qui vient	1 »
La Famille Braillard	2 »	La Jolie Fille du faubourg	1 »	Madame Saint-Lambert	1 »
La Famille Gogo	2 »	Madame de Montflanquin	2 »	Benjamin Godichon	1 »
Les Femmes, le Jeu et le Vin	1 »	Madame Pantalon	1 »	Le Millionnaire	1 »
Une Femme à trois visages	2 »	Madame Tapin	1 »	Le Petit Isidore	1 »

Collection des Œuvres de Pigault-Lebrun.

Monsieur Sans-Souci	12 Dessins de Hadol.	1 vol.	La Folie française	—	1 vol.
L'Heureux Jérôme	—	1 vol.	Les Mémoires de Fanchette	—	1 vol.
Monsieur Botte	—	1 vol.	Angélique et Jeanneton	—	1 vol.
Les Barons de Felsheim	—	1 vol.	Monsieur trop complaisant	Dessins de Morland	1 vol.
Le Mouchard	—	1 vol.	Mon oncle Thomas	Dessins de A. Michels	1 vol.
La Folie Espagnole	—	1 vol.	La Petite Sœur Éléonore	—	1 vol.
Le Coureur d'aventures	—	1 vol.	Adolphe Luceval	Dessins de Morland	1 vol.
Un de plus !	—	1 vol.	Consolation aux Laides	—	1 vol.
Tant va la cruche à l'eau	—	1 vol.			

ŒUVRES DIVERSES

HENRY DE KOCK.

Les Hommes volants, avec gravures	1 vol.
Comment aimait une grisette, avec gravures	1 vol.
Ninie Guignon	1 vol.
La Fée aux Amourettes	1 vol.
Marianne (Démon de l'alcôve)	1 vol.
Les Quatre Baisers	1 vol.
Une Coquine	1 vol.
Ma petite cousine	1 vol.
Mlle Croquemitaine	1 vol.
Je me tuerai demain	1 vol.

MARQUIS DE FOUDRAS.

Suzanne d'Estouville	2 vol.
Madeleine Pécheresse	1 vol.
Madeleine Repentante	1 vol.
Madeleine Relevée	1 vol.

GONDRECOURT (A. DE).

Le Sergent la Violette	1 vol.

LAVERGNE (ALEX. DE).

Le lieutenant Robert	1 vol.
Épouse ou mère	1 vol.

XAVIER DE MONTÉPIN.

Un Drame en famille, avec gravure	1 vol.
La Duchesse de la Tour du Pic, avec gravure	1 vol.
Mam'zelle Mélie, avec gravure	1 vol.
Un Amour de Grande Dame, avec gravure	1 vol.
L'Agent de Police	1 vol.
La Traite des Blanches	1 vol.

ASSOLANT (ALFRED).

La Confession de l'abbé Passereau	1 vol.

AIMARD (GUSTAVE).

Une Vendetta mexicaine, avec gravures	1 vol.

CAPENDU (ERNEST).

Les Coups d'Épingle	1 vol.
Le Chat du Bord	1 vol.
Blancs et Bleus	1 vol.
La Mary-Morgan	1 vol.
Un Vœu de haine	1 vol.

DAUDET (ERNEST).

Les douze Danseuses de Lamôle	1 vol.

IMMENSE SUCCÈS !!!
LA BONNE CUISINE FRANÇAISE
MANUEL-GUIDE de la Cuisinière et de la Maîtresse de maison, par Émile Dumont.
Dessins et gravures d'après Ysabeau.
Très-fort volume de plus de 700 pages, cartonné . . . . . . **3 fr.**

Sur demande affranchie, le Catalogue complet de la Librairie Degorce-Cadot est envoyé FRANCO.

COLLECTION DEGORCE-CADOT
Éditeur, 70 bis, rue Bonaparte, PARIS

EXTRAIT DU CATALOGUE

BIBLIOTHÈQUE DE BONS ROMANS ILLUSTRÉS
Format grand in-4° à deux colonnes

N. B. — Les mêmes ouvrages peuvent être demandés par séries séparées à 60 c. l'une

Aymard (Gustave).
Le Fils du Soleil, 2 séries............ 1 20

Ancelot (Madame V.)
Laure, 2 séries...................... 1 20
La Fille d'une Joueuse, 2 séries..... 1 20

Anonyme.
Mémoires secrets du duc de Roquelaure, 8 séries.
1re et 2e séries brochées ensemble
3e et 4e —
5e et 6e —   4 80
7e et 8e —

Bauchery (Roland).
Les Bohémiens de Paris, 3 séries.... 1 80

Bernardin de Saint-Pierre.
Paul et Virginie, 1 série............ » 60
La Chaumière indienne, 1 série...... » 60

Berthet (Élie).
Mademoiselle de la Fougeraie, 1 série » 60
L'Oiseau du désert, 1 série.......... 1 20
Paul Duvert, 1 série................. » 60
M. de Blangy et les Rupert, 1 série.. » 60
Le Val Perdu, 2 séries............... 1 20

Billandel (Ernest).
La Femme Fatale, 1 série............ » 60
Les Vengeurs de Lorraine, 2 séries.. 1 20

Boulabert et Philipp Mélia.
La Franc-maçonnerie des Voleurs.... 1 80

Boisgobey (F. du).
L'Empoisonneur, 3 séries............ 1 80
La Tête de Mort, —.................. 1 80
La Toile d'araignée, —.............. 1 80

Boulabert (Jules).
La Femme bandit, 6 séries........... 3 60
Le Fils du Supplicié, 3 séries....... 1 80
La Fille du Pilote, 5 séries......... 3 »
Les Catacombes sous la Terreur, 3 s. 1 80
Les Amants de la Baronne, 3 séries. 1 80
Luxure et Chasteté, 2 séries........ 1 20

Capendu (Ernest).
Mademoiselle la Ruine, 3 séries..... 1 80
Le Pré Catelan, 2 séries............ 1 80
Capitaine Lachesnaye, 3 séries...... 1 80
Grotte d'Étretat, 3 séries........... 1 80
Surcouf, 1 série.................... » 60
La Mère l'Étape, 3 séries........... 1 80
La Tour aux Rats, 2 séries.......... 1 20
Le Sire de Lustupin, 2 séries....... 1 20

Cauvain (Jules).
Le Voleur de Diadème............... 1 80

Chardall.
Les Vautours de Paris, 3 séries..... 1 80

Chateaubriand.
Les Natchez, 4 séries............... 2 40
Atala, 1 série...................... » 60
René, le dernier des Abencérages, 1 s. » 60
Les Martyrs, 3 séries............... 1 80
Itinéraire de Paris à Jérusalem, 3 sér. 1 80

Desjys (Charles).
Le Canal Saint-Martin, 3 séries..... 1 80
Les Compagnons de minuit, 2 séries. 1 20
L'Aveugle de Bagnolet, 1 série...... » 60
La Marchande de Plaisirs, 1 série... » 60
Le Coffret d'Ébène, 1 série......... » 60

Dulaure.
Les Deux Invasions (1814-1815), avec
  préface de Jules Claretie, 4 doubles séries à 1 fr. 20............ 4 80
Le Crime d'Avignon, 1 série......... » 60
Les Tueurs du Midi, 1 série......... » 60
Les Jumeaux de la Réole, 2 séries... 1 20
L'Assassinat de Rodez (Affaire Fualdès), 1 série................... » 60

Duplessis (Paul).
Les Boucaniers, 5 séries............ 3 »
Les Étapes d'un Volontaire, 5 séries 3 »
Le Batteur d'Estrade, 5 séries...... 3 »
Les Mormons, 4 séries............... 2 40
Manrevert l'Aventurier, 2 séries.... 1 20
Les Deux Rivales, —................. 1 20

Fabre d'Olivet.
Le Chien de Jean de Nivelle, 2 séries 1 20

Féré (Octave).
La Bergère d'Ivry, 3 séries......... 1 80

Foudras (Marquis de).
La Comtesse Alvinzi, 2 séries....... 1 20

Gondrecourt (A. de).
Les Péchés Mignons, 4 séries........ 2 40
Les Jaloux, 3 séries................ 1 80
Mademoiselle de Cardonne, 2 séries. 1 20
Le dernier des Kerven, 3 séries..... 1 80
Le Chevalier de Pampelonne, 2 séries 1 20
Régicide par amour, 1 série......... » 60
Les Cachots de la Bastille, 4 séries. 2 40

Kock (Henry de).
La Fille à son père, 1 série......... » 60
Le Démon de l'Alcôve, 1 série....... » 60
Les Baisers maudits, 1 série........ » 60
La Tigresse, 1 série................ » 60
Le Médecin des Voleurs, 4 séries.... 2 40
Ni Fille, ni Femme, ni Veuve, 1 série » 60
Les Trois Luronnes, 3 séries........ 1 80
L'Auberge des treize pendus, 3 séries 1 80
Les Mystères du Village, 2 séries... 1 20
Les Amoureux de Pierrefonds, 1 sér. » 60
L'Amant de Lucette, 1 série......... » 60

Labourieux.
L'Ouvrier Gentilhomme, 2 séries..... 1 20

Landelle (Gustave de la).
Les Géants de la Mer, 4 séries...... 2 40
Reine du bord, 2 séries............. 1 80
Une Haine à bord, 2 séries.......... 1 20
Les Iles de glace, 3 séries......... 1 80

Lavergne (Alexandre de).
Le Lieutenant Robert, 2 séries...... 1 20
Épouse ou Mère, 2 séries............ 1 20

Maimbourg (le P.).
Les Croisades, 4 doubles séries à 1 fr. 20..................... 4 80

Méry.
Un Carnaval à Paris, 2 séries....... 1 20

Meunier (Alexis).
Le Comte de Soissons, 2 séries...... 1 20

Montépin (Xavier de).
Les Viveurs de Province, 4 séries... 2 40
Le Loup noir, 1 série............... » 60
Les Amours d'un Fou, 2 séries....... 1 20
Les Chevaliers du Lansquenet, 7 sér. 4 20
La Sirène, 1 série.................. » 60
L'Amour d'une Pécheresse, 1 série... » 60
Un Gentilhomme de grand chemin, 2 séries.......................... 1 80
Confessions d'un Bohême, 3 séries... 1 80
Le Vicomte Raphaël, 2 séries........ 1 20
Fatalité, 1 série................... » 60
Le Compère Leroux, 2 séries......... 1 20

Noir (Louis).
Jean Chacal, 2 séries............... 1 20
Le Coupeur de Têtes, 4 séries....... 2 40
Le Lion du Soudan, 4 séries......... 2 40
Jean qui Tue, 4 séries.............. 2 40
Les Coëlands de l'Iroise, 3 séries.. 1 80
La Folle de Quiberon, 3 séries...... 1 80
Grands jours de l'armée d'Afrique, 2 séries.......................... 1 20
Campagnes de Crimée, 6 séries à 1 fr. 6 »
Campagnes d'Italie, 3 séries à 1 fr. 3 »
Le Corsaire aux Cheveux d'or, 3 sér. 1 80

Perceval (Victor).
La plus Laide des Sept, 2 séries.... 1 20
Régina, 2 séries.................... 1 20
Blanche, 1 série.................... » 60
Un Excentrique, 1 série............. » 60

Perrin (Maximilien).
Les Mémoires d'une Lorette, 2 séries 1 20
Le Bambocheur, 2 séries............. 1 20

Prévost (l'abbé).
Manon Lescaut, 1 série.............. » 60

Relia (un officier d'état-major).
Crimes et Folies en l'année terrible,
  2 doubles séries à 1 fr. 20....... 2 40

Ricux (Jules de).
Ces Messieurs et ces Dames, 2 séries 1 20

Rouquette.
Ce que coûtent les Femmes.......... 1 20

Rouquette et Fourgeaud.
Les Drames de l'Amour, 2 séries.... 1 20

Rouquette et Moret.
Le Médecin des Femmes, 3 séries.... 1 80

Tasse (le).
La Jérusalem délivrée, 3 séries..... 1 80

Vadalle (de).
L'Homicide d'Auteuil, 3 séries...... 1 80

Videcq.
Les Vrais Mystères de Paris, 4 séries 2 40

Voltaire.
Candide, 1 série.................... » 60

SUR DEMANDE AFFRANCHIE
Le Catalogue général de la Librairie DEGORCE-CADOT est envoyé franco.

En ajoutant 10 centimes au prix de chaque Série, les Brochures ci-dessus seront expédiées franco par la poste.

SAINT-GERMAIN. — IMPRIMERIE D. BARDIN.

OUVRAGE DEMANDÉ POUR AUJOURD'HUI
À PARTIR DE   HEURES

NOM DU LECTEUR

AUTEUR

TITRE

LIEU DE PUBLICATION
DATE DE PUBLICATION

FORMAT

COTE DE L'OUVRAGE

OUVRAGE DEMANDÉ

DATE
NOM DU LECTEUR
ADRESSE

COTE DE L'OUVRAGE

AVIS IMPORTANT

Les bulletins doivent être écrits à l'encre.
Les cotes des ouvrages figurant aux catalogues doivent toujours être indiquées.

●

Pour trouver la cote d'un ouvrage, voir :
Le Catalogue général et ses suppléments ;
Les Catalogues méthodiques (Histoire générale, Histoire de la médecine, Histoire de France, d'Italie, d'Angleterre, d'Espagne et de Portugal, d'Asie, d'Afrique et d'Amérique) ;
Le Catalogue MATIÈRES et ses suppléments.

MM. les lecteurs sont invités à écrire très lisiblement leur nom et leur adresse.
A donner toujours les prénoms des auteurs.
A recopier scrupuleusement les cotes portées aux catalogues.

●

N.B. — Quand le format se trouve devant la cote, l'y laisser.
Quand il ne s'y trouve pas, le mettre sur le bulletin après l'indication : format, mais jamais avant la cote.

RECHERCHES FAITES

AU CATALOGUE
_____

EN PLACE
_____

A LA RÉSERVE
_____

www.ingramcontent.com/pod-product-compliance
Lightning Source LLC
Chambersburg PA
CBHW060204100426
42744CB00007B/1156